为你自己读书

庄园 著

中国华侨出版社
·北京·

图书在版编目(CIP)数据

为你自己读书 / 庄园著. -- 北京：中国华侨出版社，2021.3（2024.7重印）.
ISBN 978-7-5113-8336-5

Ⅰ.①为… Ⅱ.①庄… Ⅲ.①读书方法-青少年读物 Ⅳ.①G792-49

中国版本图书馆CIP数据核字（2020）第200594号

为你自己读书

著　　者：庄　园
责任编辑：刘晓燕
封面设计：韩立强
美术编辑：潘　松
经　　销：新华书店
开　　本：880mm×1230mm　　1/32开　　印张：6　　字数：157千字
印　　刷：三河市燕春印务有限公司
版　　次：2021年3月第1版
印　　次：2024年7月第8次印刷
书　　号：ISBN 978-7-5113-8336-5
定　　价：39.80元

中国华侨出版社　　北京市朝阳区西坝河东里77号楼底商5号　　邮编：100028
发行部：（010）58815874　　　　　　传　真：（010）58815857
网　址：www.oveaschin.com　　　　　E-mail：oveaschin@sina.com

如果发现印装质量问题，影响阅读，请与印刷厂联系调换。

前言

　　你在为谁读书？对每个青少年来说，这是一个值得思考的问题。某学校的教师曾在课堂上给同学们提出这个问题，结果大出所料。"我是为爸妈读书的！""我是为老师读书的！""我不知道为谁读书！"这类答案竟占了相当大的比重。总之，很多人只是迫于某种要求和压力而不得不读书。

　　正在求学的青少年，之所以对读书感到迷惘，主要原因是没有认识到读书的真正目的和作用，从而缺乏读书的原动力。在很多青少年看来，读书很苦，读书很累，读书很无味，在这种错误的认识下，他们总是处在一种被动的学习状态。这令家长和老师非常头疼。

　　一般来说，一个人少年时期便开始编织人生的梦想，描绘人生的蓝图，即使这梦想和蓝图并不清晰。没有谁不想成为未来的成功者，但人生的起点大致相同，结果为什么却完全不同呢？根源就在于是否明确为谁读书。读书求学，特别是基础教育，是人生必经的阶段。如果没有明确的学习目的，不知道读书的方向，那么就只能在浑浑噩噩中度过。只有意识到知识是成就梦想的王道，是到达成功彼岸的航船，才能懂得是在为自己读书，为自己的梦想、自己的未来、自己的幸福而读书，人生才会是另一番景致。

读书不仅能帮助一个人开阔眼界，而且能帮助一个人成就事业；不仅使人聪明、智慧，而且能使人谦虚、自信、有耐心，这些都是成功必需的条件。没有今天的勤奋读书作为人生的保证，何来将来的辉煌成就？没有今天的优秀学业，何来明天的成功事业？没有今天的辛勤耕耘，何来明天的丰收硕果？没有今天的执着追求，何来明天的鲜花掌声？

事实上，用功读书也是为了将来能拥有更多选择的权利，可以选择有意义、有时间的工作，而不是被迫谋生。当你的工作在你心中有意义，你就有成就感；当你的工作给你闲暇，不剥夺你的生活，你就有尊严。而成就感和尊严，能给你快乐。

人生就像一次旅行，需要整理好行囊，做好一切准备，才能在漫长的路途中惬意地欣赏风景，最终到达心中的理想之地。读书和学习就是人生之旅的开始，它是一个人不断完善和发展自我的必由之路。如果你希望摆脱平凡，想要追求卓越的生活，在你的青少年时期就必须懂得这样一个简单而深刻的道理——为你自己读书！行动起来，做一个真正的读书人吧。

目录 CONTENTS

序　章　读书改变命运，知识成就人生

学习：要求你的是父母师长，受益的是你自己 2
知识的主人就是我 5
让读书成为习惯 6
缺乏想象、反应迟钝、没有追求？阅读改变一切.....11
生存的根本保证是学习 14

第一章　志存高远，读书让你对未来拥有更多掌控权

把学习融入生活 18
建立合理的知识结构 22
书房是最好的投资场所 26
珍惜你身旁的"学习资源" 27

学学名人阅读法 28

第二章 上学不苦，那是一生最幸福的时光

有趣的学习才是有效的学习 42
不做分数的牺牲品 45
说"我爱学习" 48
厌学诊断与治疗 52
做好准备，微笑着出发 58
现在就举手 61
爱写作业的理由 66
做最积极的活动分子 71
实践之中出真知：善读无字之书 74
看了又看——把书读厚再读薄 77

第三章 学而有术，清华学霸是这样炼成的

适合自己的学习方法才是最好的 80
学习力比学习本身更重要 83
课前预习和课后总结不可少 86
没有好的学习方法，学习才会侵犯了玩的时间 90
学霸的学习方法 92
把握阅读秘诀 96

科学养脑，科学用脑 99
多样记忆法 106
做课堂笔记的妙法 111
考试之前有准备 116
用思维导图发掘你惊人的记忆力 123

第四章 转变心态，好心态才会有好成绩

成功源于自信的种子 128
助你自信倍增的6种方法 132
在学习中，加强交流与合作 137
不为了成绩和文凭而学习 141
以一颗平常心对待同学间的竞争 145
在学习中要学会给自己减压 148

第五章 惜时如金，在读书上花费的时间会在将来回报你

有目标有计划地积累知识 152
与时间赛跑 156
弹好"上课的前奏" 168
课堂效率百分百 178

序章

读书改变命运，知识成就人生

学习：要求你的是父母师长，受益的是你自己

父母老师经常会对我们说：读书是为了自己。但是有时，我们觉得事实不是这样，成绩并不完全和自己的感受挂钩，成绩好的同学可能并不快乐，成绩不好的同学有时却能开心生活，放松交友，在同学之间很受欢迎。

从目前来讲，我们学习的短期目的似乎只是让大考小考顺利拿高分，满足父母和老师的期待，让他们绽露欢颜，当我们的成绩下滑时，最担心的也莫过于无法向他们交代。这让我们的心里产生了一种错觉：好像学习并没有为我们自己带来真正的好处，只是为了父母师长的要求才不得已而学的。毕竟三角函数和细胞结构图对于我们目前的生活和幸福指数之间，找不到任何关联。

但是静下心来想一想，父母师长无疑是非常爱我们的，难道他们会任由我们为了一件毫无意义的事浪费生命吗？绝对不会，他们已经走过了几十年的人生，他们经历过与我们一样迷茫懵懂厌恶学习的时期，也体会过知识储备的不足所导致的惨痛代价，体验过知识为自己带来的喜悦、光荣和成功，走过这段蹒跚的道路，他们经过分析和总结，发现了一个道理：虽然学习知识的过

程也许有些累且枯燥,但是它的结果绝对是甜蜜的。他们爱自己的孩子和学生,所以,当他们想把他们的人生经验向世人传播的时候,首先想到了你们,他们最亲近的人。

他们不想让自己的孩子怀着痛苦的心情做枯燥的数学题,学习物理知识,也不舍得让自己的孩子舍弃一部分休息的时间背诵古文,但是他们更深深地知道,没有苦痛和艰难的努力就没有成长,没有日后的成功,如果与让孩子一生目不识丁,在社会上步履维艰来比较,他们宁愿选择让孩子现在付出努力,而且,事实上,努力之中也自有快乐,当你们经历了入门期的枯燥体验,你们也会发现学习的天地里别有洞天,那里的神奇和奥妙是你原来难以想象的。

所以,我们必须明白,学习的直接受益者就是自己。

只有学习,我们才能体会到遨游于知识世界的快乐;只有学习,才能体验目标实现的成就感;只有学习,才能在未来社会中立好身,找到自己认为最理想的工作和职业;只有学习,才能让我们成为一个高素质的、有内涵有魅力的人;只有学习,才能让我们有更敏锐的触角去体验生命的喜悦与快乐。

用心读书,就是对我们自己的未来负责。著名的哲学家萨特曾经说过:"从他被投进这个世界的那一刻起,就要对自己的一切负责。"这一句话对于所有人来说都是适用的。

列夫·托尔斯泰曾经这样说过:"一个人若没有热情,他将一事无成,而热情的基点就是责任心。"社会学家认为,当一个人富有责任心时，他的自我便真正开始形成，同时，这个人也由立志开始，影响力逐渐扩大，义务感逐渐增加，并能最终做出突出的成就。

对于青少年来讲，今天的用心读书，就是对自己的未来负责。

对自己负责是人们安身立命的基础。一个人应该为自己所承担的一切责任感到自豪，想要证明自己，那就对自己负责。

众所周知，爱迪生刚在学校上了三个月的课，就被学校开除了。爱迪生从此失去了在校学习的机会，而他又很想学习。爱迪生知道，成长的道路上需要知识，于是他就恳求妈妈教他。正是这样，他一边向妈妈学习，一边自己摸索，最后发明了电灯等1000多项发明。由于爱迪生为自己负责，所以他的前途无限光明。

张海迪是位下身瘫痪的女作家。曾经，初次得知自己下身瘫痪的她，也有万念俱灰的想法，然而出于对自己负责，她战胜了疾病。她利用在家养伤的时间学习外语。正是这期间，为她后来的写作打下了牢固的基础，通过自学以及自我写作，最后成为世人皆知的风云人物。

假如没有爱迪生的勤奋好学，没有张海迪的顽强毅力以及对自己负责的态度，我们就少了一位纵横1000多项发明的发明家，一位博学的好作家，故而我们应对自己负责。

同学们在现阶段正处于校园学习阶段。学习是我们当前最重要的任务。然而有些同学却认为，学习是为上大学而准备的，他们不想上大学，就可以不学或者少学。而无论我们身居何处、何地，没有知识是不行的。我们应该本着对自己负责的态度,从现在开始好好学习,亡羊补牢为时不晚。在学习、工作、生活中,我们都应学会负责,对别人负责,对自己负责。

知识的主人就是我

古往今来,读书是所有人获得间接知识的重要途径。人类在认识世界和改造世界的过程中所获得的大量知识信息都已被记载在书籍之中,书中积累了人类的智慧,在人类文明发展史上,伟大、成功、优秀的人没有不热爱读书的。

中世纪的阿维森纳为苏丹王治好了病,苏丹王要赏给他黄金和美女。他再三表示不要黄金和美女,只要求能允许他到王宫图书馆里去看书。

爱迪生在火车上卖报,火车在台脱罗布市停留时,他便一头钻进该市最大的图书馆里看起书来。

年轻的罗蒙诺索夫自愿帮助别人白干40天活,以换回一本算术书。

奥本海默以他卓越的才华赢得许多名牌大学高薪聘请他前去任教的机会,他最后选择了加利福尼亚大学物理系。系主任问他:"许多大学聘请你去,为何你选择来我们学校?"他直率地回答说:"因为贵校有许多古典书籍。"

我国著名学者钱学森 1950 年从美国返回祖国时，板条箱里没有装奇珍异宝，而是装满了 800 千克的书和笔记本。

这就是我们的榜样——勇敢的爱学习的领军人！

几乎没有任何人或事能够阻挡他们前进的脚步！

书，是他们的精神生命。

知识，是他们的唯一追求。

"我要永远学下去"，"我爱学习"，是他们心灵的呼喊。

所以，他们有明天，他们有成功。

那么，我们呢？我们也是知识的主人，我们要成为爱学习的优等生！

让读书成为习惯

读书，是孩子们净化灵魂、升华人格的一个非常重要的途径。但现代学生除了读教科书之外恰恰很少读其他的书。凡是读书多的孩子，一般来说其视野必然开阔，其精神必然充实，其志向必然高远，其追求必然执着。

世界上那些生命力旺盛的民族一定是爱读书的民族，如犹太民族。近代史上 3 个最伟大的人物均来自犹太民族：马克思以唯物辩证法改变了人类对社会的看法；爱因斯坦以相对论确立了崭新的宇宙观；弗洛伊德以精神分析法让人更准确地了解自身。全世界富有者中，40%是犹太人。诺贝尔奖获得者中最多的也是犹太人。他们读书的态度近乎宗教信仰，孩子刚生下来，就用蜂蜜涂在书上，让孩子舔，意思是读书才能甜蜜；他们绝不允许把书踩在脚下。他们每人年均读书60本，中国人每人年均只有5本。一个不读书的人是走不远的，读书跟他是否大学毕业没有关系，书才是真正的大学，才是让人精神成长的乐园。

好读书的人生活不一定富裕，但他是精神富翁。

书籍是人类进步的阶梯，读书是人类获取知识的重要手段。小学和中学时期是学生阅读的重要阶段，通过读书不仅可以使学生加深对教材的理解，拓宽学生的知识面和视野，而且也可以提高他们从不同角度分析和解决问题的能力。这不仅是目前也是将来的一切职业的要求。苏联教育家苏霍姆林斯基经过多年的研究证明：正确的阅读方式和大量的阅读实践能直接促进人的大脑发展，有些小时候聪明伶俐的儿童，随着年龄的增长，反应越来越迟钝，很重要的一个原因就是小时候没有养成正确的阅读方式和良好的读书习惯。

但读书毕竟不是一种天生的习性，家长应注意引导孩子养成读书的兴趣，培养他们良好的读书习惯。

1. 防止看电视形成对读书习惯的不良影响

现在，电视已普及，由于它打破了时空的界限，已成为人们信息的重要来源。然而电视节目的语言表达方式十分程式化，虽然帮孩子在一定程度上扩大了知识面，但电视节目使青少年处于被动状态,不愿意积极思考。从生理上说,电视还会使人感觉劳累和迟钝。看了一两个小时的电视后,就不愿意再打开书本看书了,因此,家长应对孩子看电视的时间作相应的控制。

2. 合理安排时间

这是读书的重要前提。中学生学习本来就较紧张,只能利用节假日的大块时间和平时的零碎时间进行阅读。节假日时间较集中充裕,适宜读一些系统的篇幅较长的读物。平时的零碎时间较分散,但如果把它们加起来,也是一段很长的时间。由于时间短,往往被人忽视浪费了。应充分利用这些小时间读一些小东西,长期坚持,大有好处。

3. 针对兴趣,因势利导

读书也是为了开发青少年的智力。如果他们对书本没有兴趣,则应从他们的兴趣入手。孩子的好奇心多种多样,恐龙、极地、太空探险等,完全可以给他们推荐相应的书籍和读物。家长可以向他们提出问题,让他们带着问题有目的地去读,阅读会更有趣,效果会更好。

4. 有计划地选择最佳内容

读书要有目的、有计划地进行。不能今天看这个,明天看那个,这对学习没什么好处,反而会影响学习。当今书籍种类繁多,而且鱼龙混杂,良莠不齐。由于青少年身心没有完全成熟,辨别力不够强,可塑性很大,家长应注意帮助孩子选择健康有益的书。否则,可能会起相反的作用。学生阅读的书籍大体有3类:与课本有关的参考书；报纸杂志；优秀的文学作品和思想修养等方面的书籍。书籍的水平应略高于孩子的年龄水平。由于每代人都有自己的文化、学习、爱好、生活特点，不能把自己小时候看的书强加给孩子，应考虑孩子的兴趣。在成人眼里，科幻、侦探类小说纯属于现代的神话作品，未必有兴致问津，但这类作品却能满足孩子大胆想象的欲望。这类读物也可有选择地读。

5. 处理好精读与泛读的关系

读书时，有些书要精读，有些书泛读就可以了，另外一些书只要浏览一下就行。精读是基本的阅读方法，做到精读，才能真正读懂、读通几本书。一般先把书从头到尾看一遍，对全书有一个概括的了解，然后再逐节反复阅读，边读边想，记下问题后，再抓住重点、中心，深入推敲，最后进行复习巩固，做读书笔记。精读贵在熟与深。熟即反复阅读，背诵如流；深即反复思索，弄懂弄通。切忌一目十行，不求甚解。泛读的目的在于开阔眼界，扩大知识面，提高获取信息的能力。这些书只要读过一遍，略知大意即可，需要时再去查阅。泛读的范围宜宽不宜窄，或可涉及多个领域。浏览是掌握动态、开拓信息源、提高信息检索能力的重要方法，一般不要求阅读整篇文章，只需从文章中摘取有效信息并作记录即可。有时则只是浏览一下报纸杂志刊登的文章题目，以了解动态。

6. 学会做读书笔记

读书时要勤于动笔，养成记笔记的习惯，这有利于加深理解书中的内容，更有利于训练、提高思维能力和语言表达能力。如果是自己的书,可以根据理解在书上画上不同的标记(如圈点或画线),但不能过多,每种符号代替的意思要一致。也可在书上写批语,或者摘录书上的部分内容,或对文章进行概括,写出文章的提纲等,也可写心得笔记。

7. 营造良好的读书环境

要根据家庭的居住条件和经济情况给孩子创设较好的读书环境,如房间、桌椅、书橱、书籍等。孩子读书时要尽量保持室内安静,电视、谈话等声音要尽量少对孩子产生干扰。父母要经常在孩子的"书房"里指导孩子读书、学习,或与孩子一起读书,耐心倾听孩子认为有趣的内容,与孩子交流读书体会,使孩子经常体验到"书房"的温暖,对"书房"产生亲切感、依恋感。在平常谈话中,可以有意无意地讲一些伟人读书的故事。要经常带孩子逛书店,只要家庭经济条件允许,应尽量满足孩子购书的愿望,但购书时要根据孩子的阅读能力、兴趣和书本内容慎重选择。不要一口气购买大量的书回家,这样反而会使他们不知道先看哪一本好,或者每一本都匆匆翻过,急着看下一本,无法细细体味读书的乐趣,从而降低对书籍的兴趣。买来的书,父母应该要求孩子一定要看,否则就不能再买。

8. 家长要以身作则

孩子的阅读兴趣和阅读习惯在很大程度上来自父母的影响。有一个调查显示,父母的阅读兴趣和阅读习惯,对孩子学习成绩是否优秀存在着非常显著的影响。如父母阅读报纸杂志一项,优秀生组的比例大大高于后进生组。所以，家长不能只要求孩子，平时也应多注意学习，提高自己。

缺乏想象、反应迟钝、没有追求？阅读改变一切

有这样一种活动，能够使你增长学问、扩展思路、改变思维、消除寂寞、净化心灵、修身养性、休闲娱乐，这个活动能是什么？

答案就是阅读——大量的阅读。

国家通过的《语文课程标准》规定：小学生的课外阅读文字量不少于145万；初中生的课外阅读文字量不少于260万；高中生的课外阅读文字量不少于150万。所以，一个学生从上学到高中毕业，文字的阅读量应该在五六百万。而现在大多数孩子的阅读量远远没有达到这个标准。

科学研究也表明，孩子的课外阅读文字量要达到课本的四到五倍，才能形成语文能力。如果没有长期的、大量的阅读积累，孩子将最终无法学好语文。

苏联著名的教育家苏霍姆林斯基曾发现七八年级的学生基本都没有解题能力，每一节课都是非常痛苦地熬过来。后来经过观察，他发现这些学生真正缺乏的，不是学习数学、物理、生物这些具体本领，而是阅读理解能力。

于是，苏霍姆林斯基决定从头开始，像是对待一年级的小学

生一样培养这些学生的阅读能力。

实验的结果让苏霍姆林斯基异常震惊：他培养这些孩子的阅读能力，用了同样的时间和精力，但事实的结果证明大孩子阅读水平的提高远远比不上小孩子。小孩子好比是一片疏松的沃土，而大孩子就好比是一片板结的盐碱地。错过了最好的教育培养时机，再去培养已经来不及了。

苏霍姆林斯基很是感慨：原来阅读能力的增长与获得，与人的大脑发育过程息息相关。

著名的数学家培根说过，知识就是力量。著名的文学家高尔基也说过，书籍是人类进步的阶梯。如果没有阅读，从何处汲取知识的源头活水？又如何了解人类文明的精华？博闻才会强识，课本里的知识是远远不够的，一定要阅读大量的课外书籍才能保证获得足够的信息。

有的家长会担心：孩子现在的课业已经很紧张了，如果再挪出时间来给他阅读，不会使孩子的考试成绩提高，还不如用这些时间让他做一些题目更实际些。

阅读对孩子的影响可以说是深远的，并不是三两天就会看出效果来。有的家长认为阅读耽误时间，甚至会反对孩子看课外书，这是非常错误的。因为学校的学习，尤其是小学，其实是很机械的，小学成绩甚至是初中成绩都不能说明孩子是彻底优秀的。经常阅读的孩子和同龄人相比，想象力更丰富，创造力更活跃，他读的文字能够随着时间的推移而不断地感悟阐发，所以悟性会比那些不阅读的孩子表现得更好，写作的优势也自然会表现出来。很多家长很头疼孩子的作文总是写不好，给孩子买了很多的作文参考书，实际上如果孩子从小有一定的阅读积累，面对任何的作文题目，都会产生联想而很自然地阐发，作文对他们来讲是不费吹灰之力的事。

还有的家长会有疑问：我家的孩子喜欢看漫画，而且一买书都是一套一套的，这样是否就能保证他的阅读能力了呢？

其实不是的，阅读能力的增长一定是靠阅读文字来获得。现在的社会正处在一个"读图"的时代，对于孩子来说，图画对他的诱惑力会更大一些。而读图与读字的效果有明显的差异。文字是一种抽象的符号，可以刺激孩子语言中枢的发展，而图片并不会起到这样的作用，图片更容易被孩子直观被动地接收，在大脑中不会有转换的过程，所以对智力、能力的开发作用与文字不同。

另外，家长还要注意的就是，在给孩子选择课外书的时候最好是选择原著较好，比如古典小说四大名著，很多家长为了方便孩子阅读就选择了白话本或是改编本。这样的书已经完全没有了原著的精彩，无疑是把新鲜的水果做成了果脯，孩子在阅读的过程中无法品尝到作品的原汁原味。

生存的根本保证是学习

随着社会的进步,知识更新的速度变得越来越快。应对这种变化的唯一途径就是不断学习。

美国前总统克林顿说过:"在知识经济时代,谁不善于学习谁就没有未来。"对于个人而言,学习是一种权利,社会的每一分子都有权利获得学习的机会。因为学习如同呼吸,意味着生命的存在。

不断学习,我们可以解读自己的人生密码,规划自己生涯发展的蓝图;不断学习,可以积累属于自己的智能资本;不断学习,可以开发生命的源泉,实现自我蜕变;不断学习,可以打破界限,冲破限制自己的瓶颈。

不断学习,活到老,学到老,将学习作为生命的根本保证,正如马克思所说的那样:"一个人有了知识,才能变得似有三头六臂。"

"读书而不思考,等于吃饭而不消化。"这句话告诉我们学习的本质就是培养人的能力,只有通过学习,掌握了这些能力,才能让我们的生存更加有保证。古人云:"授人以鱼,只供一饭之需,教人以渔,则终身受用无穷。"在学习中探索生存的技能,在生存中体会学习的奥秘,人生才会越来越有意义。

穷人的孩子早当家,小王冕七八岁的时候,就已经能帮家里做事了。父母安排他每天牵着牛出门去放牧。

有一天,小王冕跟往日一样出门去放牛。可是一直等到太阳落山,妈妈做的饭菜都凉了,也没见王冕回家。又过了一会儿,牛独自从院门外回来了,自个儿在院子里转了一圈,然后慢悠悠地钻进了牛圈,但放牛的王冕却没有一起回来。

父母非常担心,想出去寻找,就在这时,王冕气喘吁吁地从外面跑了回来,他先到牛圈一看,发现牛已经回来了,这才松了一口气。父亲把他叫到面前,询问他回来晚的原因,王冕低下头,内疚地解释说:"是我听书忘记时间了。"

原来,王冕放牛路过村里的那个学堂时,听见从里面传出朗朗的读书声,一下子就给吸引住了,特别羡慕,他把牛拴在野地里让它吃草,自己则悄悄地溜进学堂,听学生们读书,听一句,记一句,非常入迷,不知不觉,太阳已经下山了。

当他跑到野地去找牛,发现牛已挣断绳子,不知跑到什么地方去了。幸亏路走熟了,牛顺着回家的路,自己回到圈里了。虽然牛安全地回家了,可王冕挨一顿打是免不了的。

父亲把他狠打了一顿,教训他以后不许在放牛时去听书。然而这一顿棍子,并没有把他的求知欲打掉。两天之后,同样的事情再次发生了。当父亲又要拿棍子打他时,母亲便劝解道:"孩子这样痴心,打也不会有什么用的,干脆这牛别让他放了。"从那以后,父亲再不让他去放牛了。

当时,正好村旁山上的寺庙要雇人做些粗活,于是王冕便到庙里住了下来。白天做一些杂事，换两顿饭吃，到了晚上他就睡在佛殿内，借助桌案上摆放的长明灯的微弱光线，聚精会神地看书，每晚都看到大半夜才睡觉。

由于王冕的刻苦好学，当地一个名叫韩性的学者收了他做徒弟，指导王冕学习。

有了这样好的条件，王冕倍加珍惜，每天都很努力地学习。为了让自己掌握更多的技能，他还在劳动、读书之余迷上了写诗作画，经过勤学苦练，他终于在诗画方面取得了突出成就。

如此恶劣的环境也没阻挡住王冕好学的精神，学习使他插上了梦想的翅膀，从此改变了生存的环境。在竞争如此激烈的年代，学习更成为现代人生存和发展的必然方式和最佳方式，是学习让我们掌握了生存的技能，是学习让我们体味了人生的意义。

学习化生存是最佳的生存方式，它更多的是一种理念、一种途径，通向睿智、丰富、幸福生活的途径。

现在，我们迈入了以信息化为标志的知识经济时代。生产的信息化，使劳动也具有鲜明的智能化特征。

"知识经济是以学习为基础的经济，与之相适应的社会是学习型社会。"青少年朋友面对信息爆炸和科学技术日新月异的飞速发展，只有坚持不懈地学习，才能使用日新月异的劳动工具；也只有不断学习新的生存技能，才能在生存竞争中立于不败之地。

第一章

志存高远,读书让你对未来拥有更多掌控权

把学习融入生活

学习是一种理念,只有把这种学习的精神带进生活中,生活才会因此更精彩,而学习也将更加有意义。那时,同学们就会觉得学习无处不在,学习过程本身也就变成了一种有趣的游戏。

首先,学习可以不分地点。难道一定要在书房和图书馆里学习,才能学习得好吗?答案当然是否定的。举个例子来说,在大街上看到了英语的路标,在超市看到英语的商标,我们都可以学习一下英语。甚至我们看电视的时候,看到了有关历史题材的电视连续剧,我们都可以查阅一下历史书,看看电视剧中哪些情节是历史上真实发生过的,而哪些情节是编剧杜撰的。如果被你发现了杜撰的部分,哈哈!你好厉害!可以讲给你的爸爸妈妈听,也可以讲给你的同学朋友听,他们会觉得你学识好渊博。

当然,看漫画书、看电影时,你也可以学到很多很多的新知识,去商店买东西找零钱的时候,你也别闲着,让大脑运转起来,可以练习一下数学计算呢。

当送报纸的叔叔把报纸送到你手中的时候,不要把报纸丢到一边,认为看报纸只是爸爸妈妈的事情。你可以通过阅读报纸上的生字生词,复习在学校里学过的内容。看到路边花坛里的花,也可以联想到在课堂上学过的各种知识。

学习,并不一定是要拿着书,摇头晃脑地背诵,我们身边到处都有值得学习的东西。

大家一定都能熟练地使用自己的母语。例如几个朋友一起聊天的时候,有人开玩笑或者说点方言,大家都能听懂,还会积极对答,显然,我们无须特别学习,就能很自然地运用母语。

观察一下小孩子,他们听父母、周围的人和电视里的人说话,很快就熟悉了自己的母语。

父母常常给孩子看一些配有单词和图片的卡片,通过这种方法教孩子说话。慢慢地,孩子就学会了用手指指着各种东西提出问题。

他们的问题会越来越多,为了满足无穷的好奇心,他们甚至会翻出各种东西,把家里搞得一团糟。在孩子眼里,所有的东西都是陌生的、新鲜的。

还记不记得我们曾经说过,所有的学习都是从好奇心开始的。我们每个人都曾经对周围的环境充满好奇,为了解各种新事物、解答各种新问题努力过,所以现在,我们可以没有障碍地使用自己的母语。

即使是第一次听到的词语,只要查查字典,或者问一下别人,你立刻就明白那是什么意思了。

在接触一种新语言的时候,我们都应该向牙牙学语的孩子学习。不管碰到什么,都多看、多读、多问,甚至不管把什么放进嘴里,都想想用这种语言应该怎么说。

在这个世界上,我们不了解的东西太多太多,我们应该永远保持一个无知的孩子的好奇心,不断地学习。

就像蜜蜂采蜜一样,到处汲取知识,日积月累,你的头脑会越来越充实。

你身边可能有这样的同学:问他什么,他都知道,他就像个万事通。他们大都有强烈的好奇心,他们的学习成绩通常很好,因为他们喜欢问问题,还能记住答案。

从生活中获得的知识,比在学校里得到的知识更加宝贵,因为这些知识的弹性很强,也就是说,他们的应用范围很宽。

从各种渠道获得的知识,最终都会对语文、英语、数学、自然等科目有所帮助。掌握了这种学习方法的同学,每天都可以学到很多很多知识,想一想,是不是好棒呢?

学习在生活中无处不在,而有一种方法在学习中无处不在,那就是思考。不要只是坐在书桌前学习,而是要怀着好奇心,积极从周围的所有事物中学习、联想。

大家是不是觉得,聪明的人学习就好,不聪明的人学习就不好呢?有些同学不管怎么用功,还是没法提高学习成绩。其实,并不是他的脑子不够用,而是他的学习方法出了问题。所以,有一个问题大家必须明白:怎样让我们的脑袋更聪明?

有些同学，把老师留的作业一丝不苟地完成了，别的就什么也不肯多想了，他们通常被叫作"模范生"。这个称号虽然也有肯定的意思，但更多的是否定的意味，给人一种缺乏想象力的感觉。今后，大家应该更多地培养思考能力和判断能力。

大家是不是都想成为聪明的人呢？

那么，从现在开始，让我们一点一点来学习吧。要培养这种思考能力，大家就要坚持不懈地对自己的头脑进行训练。就像一支优秀的足球队，在比赛之外，要花更多的时间训练。

那么，到底怎么训练大脑呢？

首先要进行判断力的训练。所谓判断力，就是大家看到某个事物或某种状况时，准确把握自己该怎么做的一种能力。为了培养这种判断力，必须养成一种习惯，那就是在做任何事之前，先要考虑最好的方法是什么。

比如说，现在我们要去市内的一家大书店。

首先我们要思考的是，我们要用什么方法去呢？从家到书店，没有直达的公交车。而路上的车很多，还可能发生了堵车的现象。如果坐公交车，就需要花很长时间，所以，我们选择坐地铁。通过思考快速找到最好的方法，这就是判断力。

大家都应该养成这样的习惯：在遇到各种情况和问题的时候，要认真思考，看看哪种方法是最好的。

然后要培养的就是分析能力。

什么是分析能力呢？分析能力就是遇到事情的时候，找到它的原理。学习好的同学,解答一道题的时候,会找到最佳的解决问题的原理,然后应用到其他问题上。

这种分析能力可以帮助大家在考试时取得好的成绩。

你一定会问,要怎么做才能培养这种分析能力呢?

例如,看推理小说、侦探小说,或者公安题材的电影时,你可以跟着剧情一起思考:到底案情会怎么发展呢?究竟谁是罪犯呢?经常猜谜语,或者玩拼图,慢慢地,就会养成勤于思考的习惯。遇到各种事情时,不要慌张,要有一种冷静的思维方式,就是去想为什么会发生这件事。还要考虑该怎样处理这件事情,哪种方式更有效、更直接。

我们经常会听到很多俗语,那么,大家是否想过这些俗语是怎样从民间收集的呢?经常这样想,对培养分析能力是非常有帮助的。

建立合理的知识结构

人类知识的海洋是无边无际的,一个人一生的时间和精力是不可能学完所有知识的,所以我们在学习知识的时候要注意加以选择,以自己的专业为中心,联系相关学科,将自己所学知识构建起一个合理的知识结构,才能学有所成。人脑本来是一间空屋子,应该有目的、有选择地把一些家具组合搭配起来放进去,才能成为一个家,人住进去才舒服,如果把碰到的各种各样的物品一股脑儿全堆进去，那就成了垃圾场。

许多人认为，一个人知识水平的高低，主要取决于他储存的知识量的多少，现在看来，这是一种错误的观点。按照人才学的基本原理，一个人的知识水平的高低，主要取决于两条：一是知识的渊博程度，二是知识结构是否合理。两者相比，后者更为重要。道理很简单，人脑好比"仓库"，知识好比"零件"，"零件"再多，倘若这些"零件"之间没什么联系，只是杂乱无章地堆在"仓库"里，那就毫无用处。只有这些"零件"按照合理的结构组装成"机器"时，才能使人成才。知识并非多多益善，如果一个人学到的和储存的知识大都是散乱无章、毫无关系的，就不可能构筑起合理的知识结构，他所谓"渊博"的知识对成才也就不可能有什么大的用处。

知识结构因人才类型的不同而呈现出特殊性。据调查，那些成功人士的知识结构主要可以归为以下3大类。

第一种是金字塔形知识结构，这是一种传统的知识结构。在此结构中：

第一层次是一般基础知识，包括数学知识、物理知识、化学知识、语文知识、历史知识、地理知识、外语知识、哲学知识、政治常识、经济常识、法律常识、体育常识等，这些与专业有着千丝万缕的联系。它决定着一个人的基本知识素养。这一层次的知识越宽广、越扎实，就越能启迪思维、开阔思路，利于个人事业的发展。

第二层次是专业基础知识,它是与专业直接相关的知识。以物理专业人才为例,它包括力学、热学、电磁学、光学、普通物理实验、复变函数、电子学基础、电子学实验、计算机应用等,它是专业知识的基础和延伸。这些基础打得越深厚,就越能把自己打造成专业型人才。

第三层次是专业知识。这个层次的知识越丰富,就越有可能做出成就,它是从事科学研究的资本。例如,物理专业包括原子物理学、理论力学、热力学与统计物理、电动力学、量子力学、近代物理实验、固体物理学、原子核物理学等本专业学科的概念体系、理论体系、研究工具和基本资料。

第四层次是主要专业知识。例如物理学专业中的原子核物理包括原子核物理的历史发展、现实状况、发展前景等。它是专业知识中某一方面的科学知识,是从事科学研究的决定性条件,这个层次越精深,就越能快出成果、多出成果、出大成果。

金字塔形知识结构,易于把宽厚的知识集于一点,从而突破主攻目标,取得卓越成就。它侧重于基础知识的宽厚性、专业知识的精深性和主攻目标的明确性。但这种知识结构不太适应那些需要较大开拓性的工作。

第二种是网络形知识结构。主要由3个部分构成:

第一部分是以自己的专业知识为网络的"中心"。以管理学为例,它主要包括基本管理理论和基本管理科学知识。

第二部分是与专业相近、直接作用于专业的应用理论知识。

主要包括社会技术系统、社会合作系统、应用系统理论、群体行为、合理选择、人际关系、管理科学、管理经验总结和分析等,这是管理人才的主要专业知识。

第三部分是与专业相距较远、间接影响专业的基础理论知识。这是管理得以实施的外部环境的有关理论。它包括工业工程理论、政治学理论、一般系统理论、社会学、社会心理学、文化人类学、决策理论、经济理论、心理学、数学、管理人员的实际管理经验等。

网络型知识结构侧重于专业理论的核心作用和有关系统知识的相关性,强调发挥专业知识的决定作用和整体知识的协调作用,具备这种知识结构者能在较大范围内汲取所需的营养,发挥潜在的才能。

第三种是帷幕形知识结构。每个人的工作岗位不同、职责范围不同,所应具备的各种知识的比重也不同。一位法国管理专家法亚尔认为,对于从工人到总经理一系列的企业人员,所需具备的知识大致可以分为技术、管理、财政、商业、会计、安全6个方面。

不同的知识结构,让你在各自从事的领域中游刃有余。但是随着社会的发展和精细化分工时代的到来,相关领域的关联越来越大。要适应未来社会的发展,我们就必须对自己的知识结构适时地加以调整,不断地补充新知识,完善自己的知识结构。

书房是最好的投资场所

无知只会让人显得愚蠢，阅读既是开启孩子心灵智慧的钥匙，也是增长知识的有效方法。从小培养良好的阅读习惯，不仅仅有益于孩童时代的学习进步，更将使个人人生发展终身受益。另外，良好的读书氛围对孩子的成长也很有帮助，很少有见到家长迷恋于电视、麻将的，其孩子会爱读书。就像苏联作家巴甫连柯所说，不读书的家庭，就是精神上残缺的家庭。

一个人是否有读书的习惯，能否体会到"阅读的喜悦"，其人生的深度、广度会有天壤之别。如果你的家中有一屋子书，而你也是爱书之人，相信孩子在耳濡目染下，一定会引起阅读的兴趣，并培养成习惯的。

从小培养良好的阅读习惯，营造良好的读书氛围，不仅仅有益于孩童时代的学习进步，更将使个人人生发展终身受益。另外，良好的读书氛围对孩子的成长有很大帮助。所以，给孩子一间书房无疑成了重中之重。

父母可以将家里的藏书，或父亲、祖父遗留下来的藏书保留好，并将它们放在一个房间的书架上，引导他对书籍的渴求与探索。当家长明确给孩子一间书房，培养他阅读这一习惯后，指导孩子科学地读书，读正确的书也是很重要的。

书海就像一个百花园，随时供给精神营养，使人正确理解生活中的成功和挫折，使春风得意之时更加鼓舞不致忘形，沉闷失落之际重新振作且摆脱沮丧。

除了在家中给孩子一间书房外，父母也可以经常带孩子上书店或参加书展，在观看电视节目时，有意识地引导孩子注意有关新出版儿童读物的广告或信息让孩子自己选购和借阅图书，当畅游在知识的海洋时，他会觉得自己是最幸福充实的人，而书中的各种美好必定成了孩子今后奋斗的目标。

珍惜你身旁的"学习资源"

获得成功最快的方法就是运用已被实践证明的有效方法，所以应当认真借鉴其他同学的优秀学习方法，永远不要骄傲或自卑，用平常心学习。

越是优秀的学生越善于与同学讨论或者争论问题，发现的问题越多，解决的问题越多，个人的知识就越完善。同学们都知道渔网吧，我们的学习像渔网一样也有知识网络。只有每一个知识点都掌握好，利用和同学间的交流加固它，才能把这张知识网编织得完整牢固。如果有的知识点没有掌握好，你"捕鱼"的时候，"鱼儿"就会从这个漏洞钻出去，漏网越多，"鱼儿"跑得越多，你的分数就越低。

有学者曾经研究过，两个人一起学习，要比单独学习会获得更好的成绩。因为两个人通过讨论,以及相互讲解,可以加深理解,两个人在一起还会相互促进。

除两个人搭伴以外,还可以组成学习小组。有了小组,就有了更多的竞争对手,学起来会更快。不过,几个人一起学习时,有时会忍不住一起玩起来,如果这样,就要加以适当的克制了。

目前,我们生活在一个高科技的时代,很多人开始利用计算机网络学习,这样虽然大家不在一个地方,也可以获得类似于学习小组的效果。

有时,和好朋友相互交换笔记,是一种很好的学习方法。从别的同学的笔记中,你可以发现自己漏掉的内容,这不是完全照抄同学的笔记,而是从中找到被自己漏掉或忽视的内容。通过这样的交流,同学之间也可以相互促进!

所以,任何一个想成为优等生的同学一定要记住,好好珍惜你身旁的"学习资源"!

学学名人阅读法

下面介绍几类读书的方法,给同学们做参考:

1. "善诵精通"

"扬州八怪"之一的郑板桥不仅是著名的画家,而且在诗、书方面也有很高的造诣。他曾这样描述过他读书时的情景:"人咸谓板桥读书善记，不知非善记，乃善诵耳。板桥每读一书，必千百遍，舟中、马上、被底，或当食忘匙箸，或对客不听其语，并非自忘其所语，皆记书默诵也。"这段话告诉大家这样一件事，郑板桥读书是非常刻苦的。

他在《潍县署中寄舍弟墨第一书》中还有一段话与之相印证，在信中他是这样对他的弟弟说的："读书以过目成诵为能，最是不济事。眼中了了，心下匆匆，方寸无多，往来应接不暇，如看场中美色，一眼即过，与我何与也。千古过目成诵，孰有如孔子者乎？读《易》至韦编三绝，不知翻阅过几千百遍来，微言精义，愈探愈出，愈研愈入，愈往而不知其所穷。虽生知安行之圣，不废困勉下学之功也。东坡读书不用两遍，然其在翰林读《阿房宫赋》至四鼓，老吏苦之，坡洒然不倦。岂又是过即记，遂了其事乎！"

可以看出郑板桥不推崇"过目成诵"，而是主张经常诵读，只有在不断地反复吟诵之间才可能体会出书中言语的真义来。"书读百遍，其义自见。"郑板桥认为只有这样，才可以达到"愈探愈出，愈研愈入，愈往而不知其所穷"的境界。

郑板桥在读书中总结出了"善诵精通"的读书方法，他认为读书必须讲究"诵"，诵而后能精通。

2. 回忆法

所谓回忆读书法是指在无书的情况下回忆、体味自己曾经读过的书。作家巴金先生在这方面便有独到的见解。他曾在《读书》杂志上撰文说道："我第二次住院治疗，每天午睡不到1小时就下床坐在沙发上,等候护士同志两点钟来量体温。我坐在那里一动不动,但并没有打瞌睡。我的脑子不肯休息,它在回忆我过去读过的一些书、一些作品,好像它想在我的记忆力完全衰退之前,保留下一点美好的东西。"这种做法就是回忆读书法的最好的例子。

巧用回忆读书法是有许多好处的:

(1)可以充分利用时间,摆脱恶劣条件与不良环境的制约。巴金先生说:"回忆读书法可充分利用时间,有不受条件和环境限制的好处。'文革'期间要是允许我写日记,允许我照自己的意思写日记,我的日记中一定写满了书名。人们会奇怪,我的书房给贴上了封条,加了锁,封闭了10年,我从哪里找到那些书阅读?他们忘了人的脑子里有一个大仓库,里面储存着别人拿不走的东西。"

这告诉我们:回忆读书法不受各种条件限制,让你在非常自由的知识的王国里遨游,是不是很轻便、很有效呢?

(2)可以做到温故知新,深入吸收营养。通过回忆,对过去所读之书一点点品味,就像牛羊反刍一样,可以促进消化吸收。每对读过的好书回忆一次,对书的理解、认识,对主题的把握都会更深一层。

(3)常温习读过的书,可以使人从中汲取精神力量。巴金先生说:"我现在跟疾病作斗争,也从各种各样的作品中得到鼓励……即使在病中我没有精力阅读新的作品,过去精神财富的积累也够我这有限余生的消耗。一直到死，人都需要光和热。"

想要使回忆读书法成为一种奇特而有益的读书方法，你首先需要有回忆的内容，这就需要在此之前阅读大量的书籍，并对书中的内容有一定程度的了解和认识。

巴金先生曾自述道："现在有200多篇文章储蓄在我脑子里面了，虽然我对其中任何一篇都没有好好地研究过，但是这么多具体的东西，至少可以使我明白所谓'文章'究竟是怎么回事。"这种有意识、有计划地在头脑里"储书"，是读书治学必不可缺的基础性工程。巴金的回忆读书法也是值得我们每一个人借鉴的。

3. 追本溯源法

在读书时发现问题后，可以和与之相关的多种书籍内容相联系，经过详细地分析、比较、求证之后，求得一个合理解释的读书方法，就是所谓的追本溯源读书法。著名学者钱钟书先生就曾采用过这种读书方法。

清代袁枚在《随园诗话》里曾批评毛奇龄错评了苏轼的诗句。

苏轼有句诗"春江水暖鸭先知"，毛奇龄评道："一定是鸭先知，难道鹅不知道吗？"

袁枚对毛奇龄的评语觉得既好气又好笑，如果要照毛奇龄的理解，那么《诗经》里的"关关雎鸠，在河之洲"也是一个错误了，难道只有雎鸠，没有斑鸠吗？

袁枚与毛奇龄的这场笔墨官司，到底谁是谁非，如果是一般人看看也就过去了，没有人会去深究。但钱钟书先生却没有就此罢休，草草了事，而要追本求源。

钱钟书先生把《西河诗话》卷五找了出来，看毛奇龄的原话：苏轼的诗模仿的是唐诗"花间觅路鸟先知"一句。寻路时，由于鸟熟悉花间的路，所以鸟比人先知。而水中的动物都可以感到冷暖，苏轼却说只有鸭先知，那就不对了。

按常理，比较严谨的人研究到这儿可能也会停止了，但钱钟书先生却没有就此打住。他又找来了苏轼的原诗《惠崇春江晚景》，诗中说道："竹外桃花三两枝，春江水暖鸭先知。"才知道苏轼的这首诗是为一幅画而作的，由于画面上有桃花、春江、竹子、鸭子，所以苏轼在诗中写道"鸭先知"。看来是毛奇龄错了。

为了将问题彻底弄清楚，钱钟书先生又找出了张谓的原作《春园家宴》，原作里写道："竹里行登楼人不见，花间觅路鸟先知。"人在花园里寻路，不如鸟对路熟悉，这是写实。而苏轼在诗中说鸭先知，是写意，意在赞美春光，这是画面意境的升华，是诗人的独特感受，看来苏轼"鸭先知"之句无论从立意或是内涵来说都要比张谓之句高出一等。

最后，钱钟书先生引用了《湘绮楼日记》中的"上上绝句"这句话来称赞苏轼，并指出毛奇龄只是会讲理学，讲诗往往别具心肠，卑鄙可笑，不懂得苏东坡的匠心。

从这一事例中我们不难得出钱钟书的读书方法——深钻细研，对各种相关作品相互参照、相互比较，实事求是地对待各家之言。钱钟书的读书方法,有助于读书人博采众长、举一反三,进行新推理和新想象等多种思维的锻炼;有助于培养读书人严谨求实的学习态度;有助于提高读书人慎思慎取的能力。

要对问题进行追根溯源,必须有广博的知识为基础。钱钟书的博学,归功于他的博览。他阅读书籍所写的札记,用汗牛充栋来形容,毫不夸张;他写学术巨著《管锥编》时,所用的资料足有几麻袋。

正因为钱钟书善于追根溯源,他的《管锥编》纠正了前人的不少谬误之处。同时也充满了许多自创的新见。钱钟书以文学的眼光发现不少被文学家忽视遗忘的"文心",丰富了我国的文艺理论。

钱钟书主张先博后约,由博返约。即先广泛涉猎,博览群书,然后再在此基础上提炼吸收,追根溯源,形成自己的知识结构。这种科学的学习方法不仅使他成为一代学术泰斗,也为后学指出了正确的成功之路。

4. "知人知文"法

我们在读文章的时候,不能完全对作者毫无了解。举个例子来说,不了解鲁迅先生的为人、性格以及其所处的时代背景,就不能理解先生文中的那种"中间余一卒,荷戟独彷徨"的抑郁不平之气!

著名作家贾平凹先生认为:你若喜欢上一本书,不妨多读。第一遍可囫囵吞枣,这叫享受;第二遍静心坐下来读,这叫吟味;第三遍便要一句一句想着读,这叫深究。三遍读过,放上几天,再去读读,常会又有再新再悟的地方。只有这样,才可能把握整本书的精髓。

贾平凹还说:"你真真正正爱上这本书了,就在一个时期多找些这位作家的书来读,读他的长篇,读他的中篇,读他的短篇,或者散文,或者诗歌,或者理论,再读别人对他的评论和为他所写的传记,也可再读读和他同期作家的一些作品。"因为这样做往往能更深刻地了解你所喜欢的作品,读书带来的收获就更大。

贾平凹先生还指出:"这样,你知道他的文了,更知道他的人了,明白当时是什么社会,文坛如何,他的经历、性格、人品、爱好等是怎样促使他的风格的形成。"倘若你在读书时能够做到知文知人,那么你的理解能力、欣赏能力和创作能力也会相应地得到提高。

他经常对人说,读书应该抱持继承的态度,万万不可"跪倒"读,对任何作家作品绝无例外。

其实,任何一个大家的作品,你只能继承,不能重复,你在读他的作品时,就要将他拉到你的脚下来读。这不是狂妄,这正是知其长、晓其短,学精神而弃皮毛的读书精神。

读书要取其精华,去其糟粕,从而扬长避短,只有这样,才能达到继承和创造的读书目的。总结一下,贾平凹先生的这种读书方法,其重点就在于"知文知人,学以致用"。他将博与专、学与创相结合,不仅仅对那些爱好文学的人有帮助,对有其他爱好的人也一定大有裨益。

5. 跳跃阅读法

跳跃阅读法,简称跳读法。它是指在阅读过程中,有意识地跳过一些无关紧要的句段或章节而重点阅读新颖、重要或自己感兴趣的那些内容的一种快读法。

它不同于扫读，扫读是逐行或逐页地扫视，读物中的内容都要看到，而跳读法是有取有舍，跳跃前进，也就是略去一些次要内容，只摄取读物中重要信息乃至关键信息的阅读方法。读者可通过这种舍去或省略次要信息、非本质信息和冗余信息，着力捕捉重点信息、有用信息的方法来刺激大脑，争取做到视读与思维的同步或基本同步，较大幅度地提高阅读速度与效率。

在实际的跳读中伴随着筛选、判断等多种快速的思维活动，并且使视觉与大脑的整合密切协调，绝不是随意地从这一部分跳到那一部分。

所以跳读是一项比较高级的阅读技巧和艺术，不经过很好的锻炼，没有较好的阅读功力是很难驾驭好跳跃阅读法的。著名作家毛姆很推崇这种跳读法。即使是一本值得通篇全读的书，他也常用跳读法。他认为，人的欣赏趣味会随时代而变化，过去的许多杰作，今天读起来有些部分也会变得沉闷起来。比如今天大可不必再为18世纪盛行的道德说教伤脑筋，也不用为19世纪流行的冗长的风景描写费神。

今天，我们所要着力阅读的是与我们最贴近、最实用的内容，其他不实用的，或者"过时信息"完全可以跳过去不读。

运用跳读法应掌握哪些要领和方法呢？

（1）切记你要检索的有用信息，在目标与范围都非常明确的情况下去阅读。只有如此,你才能知道哪些内容应摄取,哪些内容可跳过,何时应下力阅读,何时可跳跃前进。

(2)拿到一种读物,不必忙着阅读全文,首先要快速浏览一下内容提要、读物目录、章节标题、黑体字等提示各部分内容和要点的文字,并凭此作出判断:该读物是否值得一读,哪些部分可读,哪些部分不必读。这可称为"探读"。美国哥伦比亚大学新闻学院院长爱德华·巴列特就特别注意这一点。他通常抽出一本书,便浏览一下序言,翻翻目录,查对几处索引,再看看有关作者的介绍,以此决定读不读和读哪些内容。他能在15分钟内对10本左右的书作出这种判定和评价。

(3)利用跳读法阅读时要有站得高、看得远的意识,放开视野去读。如老鹰从空中往地上觅食一样,凭借着锐利的眼光和准确的判断,快捷而准确地捕食地上的猎物;又犹如海鸟在浩渺的大海之上快速地掠飞,一旦发现鱼、虾,便俯冲至水中捕食,然后便飞跃前进,再掠飞,再捕食,从而形成一种快速略读而又飞跃前进的阅读态势。

(4)跳读要快速反应,善用技巧。跳读是一种高超的阅读技巧和艺术,其间,阅读者一定要反应快捷,及时应对变化,善用各种阅读技巧。

美国速读专家爱德华·弗赖很注重跳读法的技巧。他读一种读物往往采用如下做法:

①以最快的正常阅读速度先读完文章的第一段,或读到第

二段，这时要全读，不能省略，目的是通过这一部分的阅读了解读物的大意、背景、风格和语言等，从而对全文有个概括了解。

②在此基础上，文章以下的部分快速跳读或略读。有时只读几个关键性词句，有时跳读某一段落。在较仔细地读了某一段后，就在下面的段落中加快跳读速度，以赶回耽误的时间。他常常在读某一读物前，就确定必须完成的时间，其间便以不等的速度和不均匀阅读法，尽最大努力进行跳读，一定按规定时间完成。

6. 搜寻猎读法

搜寻猎读法是指人像搜寻猎物般在茫茫书海中检索所需重要信息或资料的一种阅读法。这种阅读法对于治学是非常必要的，因为研究任何学问在很大程度上就是搜集信息资料和加工处理信息资料的过程。

尤其是在现代科学技术迅猛发展的今天，各种出版物如潮水般涌现，负载着大量新知识的信息流，在冲击着我们的生活方式和传统的阅读方式。快速检索有用信息和资料的搜寻猎读法在今天也就特别受人们的青睐。

要运用好搜寻猎读法，需把握好如下几点：

（1）扩大视野。这就是说，为了获取更多有用的信息和资料，一定要放开视野，从尽可能广的范围，尽可能多的渠道，去搜寻有用信息，要少做限制。这正如打猎，如果仅限于在几个小山包、小山沟中寻找猎物,那就不会有大收获。这在信息搜寻术中叫作信息开源。在当今,读物特别多,每一种读物都是一条信息源,也都是一片信息场。

要用好搜寻猎读法就要设法找到这些信息源、信息场,这就要跟踪新的图书资料、科技情报,特别注意翻阅如《全国新书目》《书刊导报》《书讯报》一类信息性书刊,扩大信息渠道。当然,如能借助现代化的信息网——因特网来检索信息那就更好了。撰写《中国科技史》的英国学者李约瑟,为了搜求中国科技史资料,不仅到中国各地的图书馆、博物馆搜寻资料,而且把搜寻的视野扩展到其他国家。我们应学习他这种精神和做法。

(2)目标专一。我们说,搜寻有用信息资料的视野、范围要尽可能扩大,而目标却要专一。这个目标,便是有用信息资料,而且一定是找现在所需要的,其他则一概舍弃,即所谓"有所取有所不取",绝不能"捡到篮子里就是菜"。

我国科学史家潘吉星为了弄清中国古代四大发明之一造纸术的来龙去脉,在古今中外的大量图书资料中紧紧盯住一个"纸"字,凡是与造纸有关的就手抄笔录,与此无关的便一概舍弃。二十年来,始终目标专一,从而搜集了大量有关中国造纸术的资料,第一次搞清了中国造纸的来龙去脉,一部《中国造纸技术史》也就写成了。

(3)搜寻的信息资料要准确无误,出处完整。只有准确的信息才是有用的,只有出处完整的资料才是可用的。

（4）搜读信息资料要快捷。这是提高效率的需要，更是当今快速发展的时代的需要。一条信息今天可能是很有价值的，而明天就可能是无用的"过时信息"。

在当前，信息大战此起彼伏，胜负往往就在几天、几小时、几分钟，乃至几秒之间。我们要以"只争朝夕"和分秒必争的精神运用搜寻猎读法去快捷地搜检有用的信息资料，让这种读书法发挥出更大的功效。

除阅读以外，我们也不可忽视记忆的作用，阅读的目的既然在于吸收知识，那么我们必须采取有效的记忆方法，才会有所收获。

举一个例子，一个抽屉里放满了杂物，现在让你记住这抽屉里的杂物：钥匙、卡片、清凉油、刀片、水晶球、香水、书、废纸、花等各种各样的小玩意儿。这个抽屉里的小东西可能有数百件，一拉开里面满满当当。你来回地翻看，想把它一一记住，可你翻了很多遍，还是记不住。

但是，有一个简单的方法：你把这个抽屉里的东西都倒出来，把东西按照你的想法分分类，整理一遍，再放进去，你就有可能把它们都记住了，以后找东西也就好找了。

这个例子其实包含着特别深刻的启示。

大部分同学读课外书都是仅浏览而已，就像拉开抽屉一遍又一遍看，实际上，要想记忆，有所收获还是很困难的。怎么办呢？

思维真正积极介入的阅读是对书籍的整理。

一本书打开，不是从第一页、第一行逐字逐句往下看，而是从一开始就在整理它。常常先看目录,把目录上的篇、章、节看一下,多少章,多少节,大概结构是什么。再把前言、后记看一下,找到作者的主要思路,在每一章、每一节中,又作出自己的概括。然后对这本书进行分类、归纳和总结。

这样的阅读,才是理解、记忆的阅读。

这样的阅读,才是优等生的阅读方式。

这样的阅读,才可能有收获,有发展!

第二章

上学不苦,那是一生最幸福的时光

有趣的学习才是有效的学习

林语堂曾表示"苦学"二字是骗人的,头悬梁锥刺股的故事是荒谬绝伦的。他说:"我把有味或有兴趣认为是一切读书的钥匙。"他坚持读书是一种乐趣,是一种享受,是一种值得尊重和令人妒忌的享受。

有趣的学习等于有效的学习,而没有兴趣的学习将会是十分枯燥乏味的。兴趣不仅是成功的基石,更是促使人们不断前进的动力。学习者失去了兴趣,就如同鸟儿失去了翅膀,再也无法体会飞翔的乐趣,而只能在泥泞中蹒跚前行。

要想提高我们学习的效率,必须培养对学习的兴趣,用兴趣推动自己有效地学习。毕业于哈佛大学的著名汉学家史华兹对有趣的学习作出了更广义的解释,他认为有趣的学习是一种享受,学到新知识是一件十分有趣的事,读书、上课、完成作业、复习功课、与同学交往、向老师提问题等,也都是很有趣的学习,而且他更提到"有效的学习,才是有趣的学习"的说法。

很多人在学习上遇到的最大问题,不是自己不会,而是自己没有兴趣,没有兴趣而被强迫学习,就会变得不快乐。把学习变成一件有趣的事情，也是一个让你提高学习效率的方法。

比如说学英语，没人规定你必须念着英文课本，你完全可以跟着电视机里的人一起说，你没有必要紧紧地盯着书本上的单词来背诵，你完全可以拿起一本书，念着"book"，拿起一个苹果念着"apple"，或者对早上起来的妈妈说"Good morning"。走在路边，你看到用英语写的广告牌，就可以大声读出来，不必在意别人的目光。

学习语文时，当你觉得春风吹着很美，柳树轻柔地甩起长辫子，你完全可以把其全部写进日记或作文里，你完全可以行走在河边时大声念着诗中的句子。

学习历史知识时，你也许觉得书上的文字很枯燥，电视里的历史连续剧才更加吸引你，那你就一边看电视、一边学习吧！

另外，你会发现博物馆里的介绍、漫画书里的内容，都比课本知识更容易掌握。

当学习毫无进展的时候，问问自己是否被死板的方式剥夺了快乐，编一个玩法，把快乐元素融入学习中来，我们的学习会更加有效。

法布尔是法国的昆虫学家。1823年出生在一个农民家庭，他的爷爷和爸爸都是庄稼汉。法布尔小的时候，喜欢到离家不远的山冈上去玩，采摘美丽花草，捕捉可爱的昆虫。

有一次，他刚刚到山顶，从他脚边大石头下，突然飞出一只美丽的小鸟。法布尔就把脚下的石头撬了起来，原来是个小鸟窝，铺着厚厚的草绒和羽毛，精致极了。6个鸟蛋在窝里排成一个图案。法布尔对自己的发现，感到无比高兴。他趴在鸟窝上，仔细观察了好久，还小心翼翼地捡了一个鸟蛋回家。

路上，法布尔遇见了一个很有学问的牧师，他就问牧师这是什么蛋，牧师告诉他这是萨克锡林鸟的蛋，然后又给他讲了这种鸟的生活习性。小法布尔听得入了迷，他想："啊，原来小鸟也有自己的名字，它们的生活又是多么的有趣！"法布尔望着四周的山冈出了神，情不自禁地问："那么，我的另外许多'朋友'，那些在山坡上、森林里、草原上的各种植物和小昆虫们，它们也有各自的名字吧！它们又是怎样生活的呢？"这些有趣的问题激励他去学习，去探索，去观察研究。在以后几十年刻苦钻研中，法布尔写下了《昆虫记》等许多著作。一个掏鸟蛋的孩子，终于成了世界闻名的昆虫学家。

从故事中不难发现，法布尔小时候是个贪玩的孩子，可是他在玩中善于发现，并且产生了兴趣，这种兴趣一直激励他走向成功。可以说，小法布尔的玩，是玩出了知识，也玩出了收获。这就是在玩中学，会玩也会学。

其实，学与玩是青少年的两种互补性活动，相辅相成。玩可以放松身心，使脑子得到充分的休息，有利于下一步的学习。而且，长时间伏案学习，呼吸浅，供氧不足；进行身体活动，特别是户外活动，使人得到充分的氧气，脑子就更具活力。尤其是对于青少年来说，玩是孩子的天性，如果在玩中找到了自己的兴趣点,并不断地为之探索,玩也是学习。跟其他朋友一块儿玩,可以互相学习优点,学习怎样与人相处,提高交往能力,可以促进身心健康发展。而且,许多玩的活动能够引起青少年的兴趣爱好,发展他们的特长。掌握好学与玩的关系,科学地玩是有益的,可以开阔思维,发展智力,可以在玩中进一步激发出探索的欲望,就会成为学习的助力。

不做分数的牺牲品

你有听过奇怪的"第十名现象"吗?成绩排名第十的学生居然会比成绩排名第一的学生更受欢迎,怎么回事?我来告诉你吧。

张雪的成绩不是很好,但也不是很坏,一般能排在班里的第十名。她当然不能在学习成绩上跟邓晓亮比,邓晓亮成绩可好了,几乎每次都能拿第一名,真的很厉害。

可是不知道为什么,平时大家在一起总是觉得张雪似乎更厉害一些。不论是动手能力,还是说话做事,好像张雪总能更胜一筹。这真是让人费解的一件事情。对了,张雪还是他们班的副班长呢,邓晓亮却什么也没当。大家后来都说,可能分数不能说明一切吧!因为明明是张雪更厉害一些,但她没有邓晓亮的成绩好。张雪知道了大家的疑惑,便说:"其实也没什么啦,你们记得魔法师讲的关于爱因斯坦小时候的故事吗?"

《时代周刊》称爱因斯坦为"天才""原子和宇宙谜的开启者""20世纪最伟大的思想家和政治理想主义者",但是,小时候的他得到的一大堆外号全是一些充满厌恶之意的恶名。比如,他的小保姆就经常背着他的父母不耐烦地直呼他为"小傻瓜"。而在学校里,他的成绩也不好,甚至根本没有人留意过他。

　　小爱因斯坦的确显得很笨,他的语言接受能力很迟钝,到3岁才学会说话。他的年轻保姆哄他有一个十分简便的办法:她手上只需拿着一根小木棍,他就会看得发痴,并且会奇怪地笑起来,保姆因此更认定他是个"傻子"。而其他孩子也都不肯和他在一起,孩子们都觉得他又傻又古怪。爱因斯坦后来回忆说:"的确,因为我学说话非常晚,我的父母曾一度非常担心,他们甚至为此咨询过医生。"

　　许多研究爱因斯坦的人认为,爱因斯坦说话晚的原因,可能是由于小孩子的抱负,只要开始说话就要说完整的句子。当有人问他问题时,他首先在头脑中形成答案,用嘴小声模仿,可以看到明显的嘴唇动作,直到确认无误时,才大声说出来,给人的印象是他每句话都说两遍。9岁时,他才戒掉这个习惯。

　　但是,爱因斯坦本人认为发育迟缓正好帮了他大忙。他说:"当我自问为什么是我,而不是其他人发现了相对论,我想是由于以下原因:一个成年人对于时空已经熟视无睹了,而只有儿童才可能对周围产生什么想法;而我发育比较迟,恰恰是到了成年才开始考虑时空问题,因而我可以比普通孩子更进一步研究这个问题。"

爱因斯坦在学校里的表现依然很糟糕,他从来都不是老师眼中的好学生,考试名次也总是很靠后,然而就是这样一位"差生",开创了物理学的一个新时代,为人类的进步做出了巨大的贡献。

在素质教育日益受到重视的今天,很多人已经知道,分数不是唯一的基准,分数并不能充分衡量一个学生的能力。的确,分数只能作为一种评判学生的方式,它绝不应该是唯一的,只能作为一种参考。因为历史已经无数次证明,那些平常人眼中的"差生"同样能够取得令人瞩目的成就。也许他们的学习成绩不是最好的,但是他们日后取得的成就依然可以让那些在学校里成绩好的学生汗颜。

哈佛的教授从来都不只拿分数来考量一个学生,他们更看重一个学生的综合素质。他们认为这才是最重要的。一个人的综合素质更能反映出一个人的能力,而不是简单的分数。一个排在第十名的学生在分数上也许不如排在第一名的学生,可是他依然可以在许多方面超过成绩第一名的学生,从而展现出自己的才华,实现自己的人生价值。

还在担忧分数的男生女生们,不要因为分数低了就丧失信心,因为这世界上有很多东西是分数衡量不出来的,例如,真诚、友情、亲情、尊严等。

当然,不必担忧自己的分数并不表示自己可以在学习上有所放松。因为自己的懒惰而导致考试分数低是不应该的。像张雪这样的第十名之所以受到同学们的喜欢是因为她在很多方面表现出来的优秀。这种优秀通常可以看成软实力，而这样的软实力能够帮助一个人更好地适应周围的世界，也更快地得到他人的认可。

不要让自己成为分数的奴隶，试着在其他方面多付出一些，你会更容易成为他人眼中的优胜者。

说"我爱学习"

没有人可以不通过学习而生存。学习不仅仅是人生存所必需的，也是任何高等一点的动物生存所必需的。从翱翔云天的鹰，到孤行林间的虎，都要从它们的父母那里、长者那里学习到生存的技巧。学习是与脑袋相联系的，只有没有头脑的低等动物，才完全依靠本能来生存。

学习究竟是什么呢？

学习是按照一定的学习目标，有系统、有组织地掌握知识、技能和发展能力的活动。

我国著名的心理学家林崇德教授将学习归纳成以下几点：

1. 学习过程是同学们的认识活动超越直接经验的阶段

想一想，我们的学习多有优势啊？我们不受时间空间的限制，又迅速又直接地从人类极为丰富的知识宝藏中提炼出好多好多的本领。

2.学习是在老师指导下的认识活动

我们的学习条件如此完备，不必像古人那样，自己苦苦摸索。敬爱的老师会把人类社会长期积累的知识根据社会需要传给我们，帮助我们，我们难道不应该好好珍惜吗？而且，对于每一位同学来说，学习要讲究与老师的配合，只有配合默契，我们才能事半功倍！

3.学习是一种运用学习策略的活动

亲爱的同学，此时你更应该对你的学业充满信心。你手中的这本书所要告诉你的，就是最新最有效的学习策略。

4.学习动机是学习的动力

我们通过对大量优等生的调查发现，"会学"水平取决于"爱学"程度，所以我们的学习一定要化"被动"为"主动"！

5.学习过程是获得知识经验、发展智力能力、提高思想品德水平的过程

当我们完成了自己的学业，成为一个合格的优等生的时候，我们应该是德、智、体全面发展的人才。

经过学习的五大特点的总结，我们找不到不爱学习的理由。而且，当我们发现所有的优等生都没有说"课堂上只是老师照本宣科，讲些重复的死理论"时，我们明白了每天我们都应该对自己说的一句话是："我爱学习！"

只有愉快地学习才会事半功倍，因为学习是一种内心的自觉活动，不良情绪会妨碍我们的认知、记忆水平，会降低理解和分

析能力。因此，兴趣盎然的、主动的、愉快的学习，与被迫的、强制的、不得已的学习，效果截然不同。学习所必要的记忆力、理解力都是由中枢神经支配的，而中枢神经则是由情绪调动的。高昂的情绪会使中枢神经兴奋起来，从而使学习事半功倍。

科学研究表明，人的脑子在喜、怒、哀、乐、爱、恨、惧等情绪极度兴奋时，眼前所发生的一切，均会自然而然地牢记不忘。

例如，给幼儿尝一次黄连，那苦味使他永生不忘；再如，一个特别美或丑的人，一瞥之下，也会令我们终生难忘。因为这种刺激会引起强烈的情绪反应。情绪不仅与记忆有关，与理解能力也有很大的关系。如果你对下棋产生浓厚的兴趣，你就会对棋谱具有比其他书籍高得多的理解力；假如你喜欢跳舞，你就会对音乐及舞蹈动作具有超乎寻常的领悟能力，这都与由兴趣爱好所激发的有关神经高度兴奋有关。

研究也证明，愉快积极的情绪对学习效果具有神奇的作用。所以，态度影响效果。

让我们每天都对自己说："我爱学习！"

坚持说下去，在每一个清晨。因为潜意识如同一个湖，一个正面的自我暗示如同向湖面扔下一颗小石子，只有不断地扔，石子才能露出水面！

还要告诉你的是：成功的人有千千万，但成功的道路只有一条——学习，勤奋地学习。我们的学习如逆水行舟，不进则退，所以我们要勤奋地学下去！

在网络信息技术日益升温、知识更新极快的今天，我们如果不每天学习，不断充电，那么很快就会落伍。因此，无论何时何地，每一个人都不能忘记给自己充电。只有那些随时充实自己，为自己奠定雄厚知识基础的人才能在激烈竞争的环境中生存下去。青少年要时刻记住这一点，即不学习就会成为废物。

古代著名的教育家孔子常常强调干劲及学习的重要性。但在孔子的众多弟子中，并非每一位都是干劲十足、勤奋好学的。例如，宰予虽有绝好的口才，却怠于学习。对于宰予，孔子常会摇头叹道："朽木不可雕也。"现代生活变化万千、节奏加快，它要求我们必须抱定这样的信念：活到老，学到老。我们也应该记住：最难战胜的劲敌，是那些一步也不放松的人。

据说，犹太人是世界上最重视知识的民族，这是他们苦难的民族经历锻造出来的经验。

公元70年，犹太人悲惨地失去国家，从此流落他乡，过着漂泊动荡的生活。他们深感自己是"没有祖国的人"，一切财产有被随时夺走的危险，只有知识和技能是"唯一可随身携带、终身享用不尽的资产"。

犹太人说，在父亲和老师一起被海盗抓走时，如果用所有金钱只能赎回其中的一个，那他会先把老师救出来。

因为犹太人世代相传的箴言就是"知识是最可靠的财富"。世界银行前副行长瑞斯查德说："知识是比原材料、资本、劳动力、汇率更重要的经济因素。"美国管理学权威彼得·德鲁克则认为:"在现代经济中,知识正在成为真正的资本与首要的财富。"

时代的列车飞速地前进着,它将把人类带向何处?新一代的青少年,面对大浪淘沙似的知识经济的到来,又该如何自处?历史已宣告:谁是知识的主人,谁就是世界和自我的主宰!处在新的信息时代,我们必须掌握学习能力,从而不断吸纳新知识,否则就会被时代抛弃。

厌学诊断与治疗

厌学是对学习产生厌恶、反感或无所谓的心理倾向。也许有的同学会疑惑:到底怎样才叫厌学?我厌学了吗?经调查研究,有厌学症的同学大致有这几种表现或症状。

1. 对学习目的存在认识偏差,认为读书无用

有人说,"读书越多,收入越少""文凭越高,待遇越低"。这种错误的认识是对社会体脑倒挂、分配不公的主观反映,也是流传的一种社会偏见在学校中的反射。但无论如何,这种观点对相当一部分学生曾产生了不良影响,是厌学症产生的一种主要的社会因素之一。

2. 学习态度存在偏差,消极对待学习

本来学习应是一种轻松愉快又富有吸引力的活动,但由于多种原因,却使学生讨厌学习。在教师、家长的压力下,学生勉强

学习，却时常伴随着不愉快的体验，如紧张、焦虑、恐惧、羞愧、内疚、厌恶等。有的学生谈到学习就头痛，看到作业就心烦，听到考试就害怕，完全缺乏或者说失去了学习的兴趣和求知欲与好奇心。他们只是在外在压力下机械、被动地应付学习。

3. 对学习的活动存在认识偏差，远离学习活动

他们感到只有远离学习才能达到心理平衡。他们很少把精力放在学习上，一般不愿做作业，不认真听讲，经常违反课堂纪律，时常迟到、早退、旷课、逃学，有的干脆弃学出走或辍学，对老师家长提出的学习要求一味抵触。

此外，学习成绩有越来越糟的趋势，也是厌学症患者的特点。

一般来说，产生厌学心理的原因很多，有些是老师和家长的教育方式不当造成的。从学生自身来讲，很多学生不知道自己学习是为了什么，学到一半就感觉前途渺茫，从而产生厌学的心理。还有一些学生文化基础差，上课如听天书，对所学的课程听不懂，作业不会做，或者干脆不做，或者抄袭别人的；缺乏学习兴趣，从而放弃学业。这些厌学的同学一听到学习就头痛，以旷课、逃学来逃避学习，有的在街上闲逛，有的去玩感兴趣的东西（如游戏等），有的可能离家出走，有的想放弃学习出去打工。

那么，怎样克服厌学情绪呢？我们先来听一下最爱学习的优等生小帆的学习经验，他是公认的"语文大王"。他说：

"学习语文就是学习我的母语。从小，我就喜欢学习语文，随着时间的推移，我越来越被语文的博大精深所吸引。

"记忆字音、字形,我从不会去死记硬背,我喜欢查阅字典、词典及相关资料,去理解它们的含义,从而去记忆它们。我最喜欢查阅成语词典,看着一个个晦涩的四字成语变成一段段有趣的故事,我的心中充满愉悦。怀抱着一本厚厚的词典,我会觉得书中无尽的财富都是属于我的了。我一直都喜欢上语文课,喜欢听老师用如同叮咚泉水般的声音诵读优美的文章,也喜欢听老师用慷慨激昂的话语把课文分析得淋漓尽致,自己也顿觉酣畅不已。在上语文课之前,我会把老师要讲的内容先预习一遍,还会查阅相关资料,了解作品的写作背景和作者的生平。我认为这样做对理解文章的内容非常有帮助。在语文课上,我的思维会紧随着老师,把预习中遇到的问题一一解决,加深我对文章的理解。课后,我会静下心来把文章再读一遍,进一步强化我对文章内容的理解和对写作目的的认识,争取更好地揣摩作者的思想。有了这样的三遍阅读法,我就能基本掌握老师课堂上所讲的知识了。平时,我喜欢大量地阅读各种类型的文章。在阅读的同时,我会全身心地投入其中,仿佛自己就是故事中的人物,主人公的喜或悲即是我的喜或悲。我认为只有这样,才能更好地丰富我的思想感情,更好地提高我的阅读水平和写作水平。"

由此可见,兴趣对于我们的学习来说是多么重要。

一棵幼苗,如果我们精心护理和照料,它有可能长成一棵参天大树。青少年兴趣广泛,心灵的田野里长满了各种各样的兴趣的幼苗。

幼苗多了,你不让我,我不让你,争营养,争水分,争时间,结果谁也长不好。随着年龄的增长,同学们应理智地分析一下自己这些兴趣的幼苗,哪些是有益的,哪些是有害的,哪些是没有希望长大的,哪些是根本没有培养前途的。要像在菜地里整理幼苗一样,坚决锄掉那些有害的。

针对"厌学"的病情,我们开出以下几服药方:

1. 树立"大学习"的观念

唱歌是学习、打球是学习、练字是学习、画画是学习,只要用心,一切皆可学习,只要快乐,一切皆可学进。这样才能找到自己的长处,发现自己的闪光点,从而能够愉快地生活,轻松摘到属于自己的"苹果",安心于学校的生活,进而以点带面尽可能地搞好文化学习。

2. 增强兴趣意识

学习兴趣是对学习活动和学习对象力求认识或趋近的倾向。兴趣由好奇、情趣和志趣三因素组成。好奇是兴趣的起点,好奇心越强,对未知领域的探索也越深。由探索而发现,由发现而迷恋,由迷恋而攻坚,每个阶段都离不开好奇的引导,都是以好奇为开端,因好奇而深化。情趣是好奇的发展,是兴趣的情绪表现,集中表现为爱好。有了爱好,就能在爱好的领域向知识的深度和广度进军,就有了刻苦学习的高度积极性和主动性。孔子曰:"知之者不如好之者,好之者不如乐之者。"人的爱好发展一般经历初选、喜爱、热爱、酷爱、入迷5个阶段,入迷是爱好的最高层次,是成功的一大诀窍,入迷而又不迷是爱好的理想境界。志趣是情趣的进一步发展,集中表现在对事业的痴情追求上。孔子曰:"吾十五而志于学。"就是志趣的表现。

按兴趣对象的不同,可以把学习兴趣分为直接兴趣和间接兴趣两种。直接兴趣是兴趣中最具有推动力的成分,小学生的学习兴趣以直接兴趣为主。间接兴趣是对学习结果的兴趣,苏秦头悬梁锥刺股就是在间接兴趣的推动下发愤学习的写照。中学生的学习兴趣中,间接兴趣所占比重很大。多数同学都经历这样的过程:直接兴趣为主→间接兴趣为主→直接兴趣为主,即乐学→苦学→乐学。从而走上了成才之路。

培养兴趣,首先要增强兴趣意识。每位同学都应该明确,浓厚的学习兴趣是学习成功的保证。任何事情都有它特定的乐趣,乐于接触,乐于探究,发现其内在特点,体验过程的快乐,就会引起对它的兴趣,进而乐此不疲,走向成功。因此,强化兴趣意识是形成兴趣的前提。

3. 发展好奇心和求知欲

因好奇而设问,在问题的引导下去探究,做有心人,并善于从平常处设问,这是学业进步之路。居里夫人不经意间将中子的发现权让给了有心人查德威克,为此她追悔莫及。牛顿从苹果落地这一现象,发现了万有引力。爱因斯坦乘坐电梯时,突发奇想:假如电梯以光速行驶,结果如何?沿着这一思想,他发现了相对论。

请你用好奇的目光发现各门科目中蕴含的奥妙吧,你的兴趣会一点一点培养起来的!

4. 培养对知识的兴趣

客观事物本身有其内在美,这些内在美给人以很大的吸引力。如大自然的对称、和谐、巧妙、严密、奇特等特点,能给人以无穷无尽的魅力和美感,使人产生向大自然的广度和深度进军的力量。因为各学科、万事万物都有其特点,也有内在美,人们才感动于语文的形象生动,折服于数学的严密,惊叹于化学的变幻,感慨于生物的神秘,迷恋于音乐的和谐,才深刻体会到创新能造福社会、给人自尊和荣誉。

5. 变换学习方式,培养对学习过程的兴趣

看书、质疑、思考、练习、讨论等学习方式不断变换,读写结合、读记结合,学思结合、学问结合。在整个学习过程中,要学会以问题为先导,环节相扣,步步深入。在问题情境中学习,会使学习过程兴趣盎然。

注意学习过程中愉悦的情绪体验,这有利于强化兴趣。课内外、书内外结合,紧密联系自然、社会生活实际,学以致用,有利于提高对学习过程的兴趣。

6. 多和老师沟通感情

学生要搞好学习,应该理解、尊重教师,与老师沟通感情,获得老师的关心和期待。学生对老师有亲近感、信赖感,就会把这种情感迁移到老师所教的课程上,就会喜欢听他的课,努力去

完成教师所布置的学习任务，会主动争取老师的指导，取得较好的效果，从而提高学习兴趣。

7. 将当前学习与人生目标联系起来，培养间接兴趣

兴趣与理想结合形成志趣，这是高层次的兴趣，稳定而有效，并且与优良的意志品质相结合。许多名人就是用理想之火，点燃兴趣之柴，而成燎原之势的。

一旦发现自己在学习挫折面前有退却想法时，应提醒自己：再坚持一下就是胜利！要相信"极限"之后便会有新的境界，有道是"山重水复疑无路，柳暗花明又一村"。也可以用英雄形象、名言警句或励志歌曲来勉励自己，从而战胜挫折，做学习的强者。

做好准备，微笑着出发

每个人都有许许多多的梦想。有的同学想长大以后做电视节目主持人；有的同学想造出更新更好的宇宙飞船，环游太空，与外星人一起唱歌、跳舞、做朋友；有的同学想做一名医生，具有高超的医术，为病人解除痛苦……

这仅仅是梦想吗？

不！

不是这样的！这是我们美好的理想，只要我们肯为此付出努力，一切皆有可能！

你不能怀里揣着梦想而裹足不前。

我们要凭借知识的力量，准备好出发！

做好准备工作，我们才能向着理想的征途前进。

无论前面的路有多难、有多长，我们有的是已经准备好了的乐观心态。哪怕是海滩上种花，海浪浇不灭的是我们的努力与热情。所以我们要做好出发的准备，甚至每一个细节，从现在做起！

讲一个小故事给你听：

有一个小男孩，他在草地上发现了一个蛹。他把蛹捡起来带回家，想亲眼看一看蛹是怎样变成蝴蝶的。过了几天，蛹身上出现了一道小裂缝，里面的蝴蝶挣扎了好几个小时，身体似乎被卡住了，一直也出不来。小男孩看着于心不忍，想助蝴蝶一臂之力，于是他拿起剪刀把壳剪开，帮助蝴蝶脱蛹而出。过了十多天，这只蝴蝶身体臃肿，翅膀干瘪，根本飞不起来，不久就死去了。

这个小故事告诉我们：必须做好充分的准备，才能最终实现理想。

瓜熟蒂落，水到渠成，蝴蝶必须在蛹中痛苦挣扎，直到它的双翅强壮、丰满，准备好了，才会破蛹而出。

人何尝不是如此！

没有准备的行动只能使一切陷入无序的状态，最终面临失败的局面。

一个缺乏准备的人一定是一个差错不断的人，纵然具有超强的能力，千载难逢的机会，也不能保证获得成功。下面再来看一则故事。

一个年轻的猎人带着充足的弹药、擦得锃亮的猎枪去寻找猎物。虽然老猎手们都劝他在出门之前把弹药装在枪筒里，他还是带着空枪走了。

"废话！"他嚷道，"我到达那里需要一个钟头，哪怕我要装100回子弹，也有的是时间。"

仿佛命运女神在嘲笑他的想法似的，他还没有走过开垦地，就发现一大群野鸭密密地浮在水面上。以往在这种情景下，猎人们一枪就能打中六七只，毫无疑问，够他们吃上一个礼拜的。可如今他匆匆忙忙地装着子弹，此时野鸭发出一声鸣叫，一齐飞了起来，很快就飞得无影无踪了。

他徒然穿过曲折狭窄的小径，在树林里奔跑搜索，树林是个荒凉的地方，他连一只麻雀也没有见到。

真糟糕，一桩不幸连着另一桩不幸：霹雳一声，大雨倾盆。猎人浑身上下都被雨水淋湿，袋子里空空如也，猎人拖着疲乏的脚步回家去了。

不要忽视准备，要用所有的耐心调整好自己出发前的心态，包括我们的形象与状态。因为，每一天的太阳都是新的，我们也应该用新的形象向它报到，同时进入振奋而轻松的状态，这也是我们给自己的要求。

当一个优等生在进行写作、阅读、学习、欣赏等各种脑力活动时，都会保持一个端正的坐姿，脊柱正直，两肩放平而且轻松，全身处在一个挺拔而放松的状态之中。面部肌肉放松，驱除各种杂念，就能高度集中自己的注意力。

同学们在课堂上只要把注意力集中于老师讲话的声音和表情上，就能充分吸收老师所授知识，使自己在课堂上集中自己的注意力，完成对老师讲课内容的理解和记忆。

当我们准备好这一切的时候，我们会做到挺胸抬头，面带微笑。我们也可以大声讲话，坦然从容。

每一天面对自己都是那么开心，每一天都会有笑容在肯定我们的进步，每时，每刻，每一秒！

现在就举手

在课堂上，老师会经常要求我们积极举手发言。但是有许多同学难以做到这一点，有的甚至压根就没举过一次手。这对于学生个人来说，不能不说是一种损失，因为课堂发言并不只是为了活跃一下课堂气氛，课堂发言对提高课堂效率也有着不可替代的作用。请听下面一位学生讲述从不发言到踊跃发言的感受和体会，从中你会发现课堂发言有多么必要：

"记得我刚进中学那会儿，一切都很陌生，上课怯怯的。特别是语文课，当老师提出某个问题时，总是不敢举手发言，怕说错，希望老师不要叫自己，希望快叫别人，好记下标准答案。渐渐地，我习惯于默默地坐在一角，看别人唇枪舌剑，还自以为毫无损失。时间嘀嗒嘀嗒过去了，我的宝贵的语文课，也就在听讲与抄写中默默地度过，上课的内容虽整整齐齐地留在笔记本上，但在头脑中却只有模糊的感觉。于是，复习成了灾难，那些冗长的分析，都得逐字逐句地背，常常是前背后忘，苦不堪言。尽管如此，考试成绩始终不理想。

"后来我发现，每次考得好的同学，大都上课经常举手发言。是不是上课发言有助于提高听课效率呢？

"于是，有一次，我悄悄举起了手，迈出了这一步。以后每节课，我都逼着自己一定要举手，说错就说错，这次说错，下次再来，学习哪有不出错的呢？因为有了要发言的意识，所以便很自然地想要抓住老师的每一句话，同时逼着自己努力思考，并抓住每一个发言的机会。一定要抓住每一次的机会，它带给我的好处是极为明显的。

"首先，是学会用语言表达自己的理解。有时，心里有一种感觉，却很难讲出来，如果不经常锻炼口头表达能力，永远处于一种混沌的状态，遇到考试也只能挥笔千言词不达意。然而，站起来讲与自己坐在座位上糊里糊涂地想，却是大不一样。它不仅帮你弄清了思路，也迫使你渐渐学会用简练的言语表述思想，这于你的口才，以及今后的答题都是一种锻炼。

"其次，发言的过程有助于记忆。因为你动了脑筋，举了手，发了言，也许说错了，引得大家笑；也许讲得好，被老师肯定；

也许与大家观点不一，引起'学术争论'……这一切的课堂活动，都是帮你记忆的'催化剂'，它们使你很自然地就把那些要理解、要掌握的东西记在心里。到复习时，只需一看书，所有的记忆便会自己跳出来，无须死记硬背，便接通了大脑电路。

"再次，能促进思考。举过手，发过言，还有重要的一环是'听'，当你谈完自己的理解，老师势必要完善答案。他也许会针对你的回答，做个评价，补充回答要素，或把语言重新组织一下；有时，他也会另请几个同学回答。这个时候，你就该竖起耳朵，仔细听一听老师怎么说，别人怎样理解，边听边比较，他们的说法与自己的有什么不同、自己漏了什么、哪里说得不精练……这样边比较，边总结，自然就加深了理解，同时也训练了思维。"

从这位同学的经验可见，积极举手发言对课堂学习效率的提高有着十分重要的作用。除上面讲到的几点，上课积极发言对于凝聚或维持注意力，锻炼自己的语言表达能力，培养自信心都是很有好处的。说到底，上课举手发言，实际上是一种很有效的学习方法，既然这样，我们为什么不使用它并把它变成自己的学习习惯呢？

优等生在课堂上的状态总是很积极，不走神。他们做的很重要的一件事就是积极举手发言，与老师形成互动，提高自信心。

要做到踊跃举手发言，要克服以下几种心态：

1. 畏惧心态

那些学习有困难的学生，常把老师对自己的提问当作"苦差事"，久而久之，就形成了对举手发言的畏惧心理；而一些对口头语言表达缺少自信的学生，也因自己无法正确、清晰、如愿以偿地表达自己的见解而害怕发言，从而也使自己的发言能力愈加得不到发展，形成恶性循环。

不要担心回答错误，你只是要证明你在听课，你的大脑在思考。不要因为别人想不出问题的答案就保持沉默，如果你在思想上认为一件事是不可能的，你在行动上自然就不会去做，自然就不会有什么好结果。

2. 依赖心态

有些学生基础不好，却不愿让老师从发言上看出自己学习上存在的缺陷，极想给老师留下好印象；有些学生则缺乏自信。这些学生发言时往往表现得磨磨蹭蹭、遮遮掩掩，他们并不急于思考答案，而是依赖别人，希望从老师或其他同学的提示中取得现成的答案。

3. 应付心态

这类学生在教室里默不作声，对老师的提问不作任何反应，偶尔举手也是"随大帮"地应付，要是点名发言，不是慌乱作答，就是站起来不动嘴皮，等待批评。产生这种心态的原因很复杂，有的是因个性造成的，有的思维有障碍，有的对老师和本门功课的学习缺乏兴趣。

4. 被动心态

这类学生上课基本能集中注意力听讲，但发言被动。造成学生发言被动的原因可能一是由于胆量、性格、知识水平的制约，发言欠踊跃；二是认为提问反正有人回答，与自己无关，只是在老师的暗示下，不得不发言；三是并非课堂因素影响，如家庭的特殊变故，同学之间的矛盾冲突等影响了发言的心境。

同学们，告诉自己，现在就举手。战胜自己的行为障碍，最重要的一点是不要长时间地自我折磨。

当你想发言的时候，不要犹豫不决，勇敢地站出来，不要总在那里等啊等啊，在那儿苦苦折磨自己。你要相信，发言前你是紧张的，当你站起来，战胜自己后，你会进入状态。如果你总是折磨自己，每一次失败都会产生强烈的消极影响，长此以往，你就容易形成懦弱的性格了。

比如说，体育比赛前感到紧张，可是跑开后，你就只知道累了。

所以现在就举手，现在就站出来，现在就大声说话！

你赢了你自己，你做到了优等生做到的事情！

反过来说，一个作家写的书，如果没有一个人读，这个作家再也不会写书了；球场上，一个人有一个无比精彩的投篮，但是没有人看到，没有人为他喝彩，他的精彩表现还有意义吗？他会告别球场的。

如果你总是沉默，你的想法永远不会有听众。

当你没有听众的时候，你永远是落寞的。

打开你的窗子，让你的想法赢得掌声，好吗？

你需要别人的认可，你的进步大家会为你祝福！

爱写作业的理由

闭上眼睛想一想，你的作业本上全是优，是不是很有成就感？

当你的作业本成为范本，被大家互相传看，被誉为精品的时候，你开心吗？

每一个优等生都爱写作业！

作业不是沉重的负担，它可以检测自己听课的质量，体现一天学习的收获。作业是对课堂学习的巩固，是知识营养被反复咀嚼、消化的过程。它像吃饭、睡觉一样，是很自然的一件事。

我们认真地总结了优等生喜爱写作业的理由。

1. 检查对所学知识的掌握情况

几乎在每一堂课上，老师都会给我们布置一定数量的课内作业（或称课内练习）和课外作业。

我们做作业可以巩固记忆，加深理解和增强实际运用知识的能力。因为无论是课内作业，还是课外作业，完成作业的过程都需要通过我们的独立思考，自觉灵活地分析问题和解决问题，使知识得到具体的运用。

我们也可以从老师给我们的批改情况中获取重要信息，这种信息反映了我们掌握知识和能力发展的情况。如果我们能够根据老师的作业批改情况（即得到评价过的学习结果），及时地反省自己的学习过程，便可提高自己的学习策略水平。

2. 加深对知识的理解

毫无疑问，我们通过课内练习或者课外作业，可以加深对所学知识的巩固和理解。我们要正确地完成作业，其先决条件便是要真正理解所学习的知识内容。否则，就会出现书能看懂，就是不会做作业的现象。

掌握知识是十分重要的。一定的知识基础一方面是后续学习的先决条件，另一方面是能力发展的载体。我们在课堂学习中虽然也能够理解知识，但我们接受知识、加深理解的过程（也就是通常所讲的"消化知识"的过程）大多数还是在完成作业的过程中实现的。

3. 运用所学的知识解决具体的问题，培养思维能力

我们通过学习，可以把所学的基本知识、基本理论，通过运用一定的学习方法、学习策略，将其和实际问题结合起来，形成技能技巧，培养分析问题和解决问题的能力。那么，完成作业的基本过程是什么呢？

让我们从以下的方法中学习做一个作业高手！

首先明确4个步骤：准备，审题，解题，复查。

准备阶段要做好"过电影"的环节，把白天讲课的内容回想一下，还要在做作业之前，再整理一下笔记。有的同学做作业耗费的时间很多，主要的原因是上述环节"欠了债"。学习是环环相扣的，准备阶段没做好，做作业就困难了。

审题阶段就是认真阅读，正确理解题意。题目中的每一个字、

每一句话，以及每一个符号、每一个数据都要看清楚、看准确。因为题目一旦看错了，后面的全部工作就都错了。例如作文，如果把文体搞错了，或者漏掉了该写的东西，那么就得重新做。这里的"清楚"和"准确"有两层含义：一层是看得准确，另一层是含义理解得准确。

审题时不要图快，要慢一点，以便审题仔细。审题要求仔细而不粗，全面而不漏，准确而不误。此外，要逐步摸清不同学科、不同类型的题目审题的具体步骤和要求、方法。

审题之后把解题的思路用书面形式表达出来。在动笔或动手做之前，先要动脑筋构思。构思是非常重要、必不可少的，构思的任务，就是想好解题的思路、步骤、方法。比如一道政治题或历史题，应当从几个方面去回答，先回答什么，再回答什么。比如数学题，第一步求什么，第二步求什么，都要先想好。想好以后再下笔去写，动手去做，就能较快较顺利地完成。做题时，要求按各学科的格式去做，书写工整，整洁干净，一次做对，并逐步提高解题速度，又快又准。这里需要特别提出的是，现在许多中学生用计数器进行计算，这种图省事的办法，将大大降低中学生的运算能力。一旦没有计算器，将会出现计算性错误。

复查阶段是指在作业做完之后，要从头到尾检查一遍，自己判断作业做得对不对。

做作业是运用知识解决问题的过程，但我们的目的是能够正确地运用知识，正确地解决问题。解决问题错了，同不能解决问题一样，都是不可取的，都不是我们的目的。因此，必须使作业做得正确。审题、构思都是为了达到这个目的，但最后的结论、答案是否正确，还要注意检查、验证。这一点我们做作业时往往忽视了。检查是保障作业质量的重要手段。

检查的方法有许多，主要有：一是逐步检查法，即按照做题的顺序，一步一步进行检查，看有无错误。二是核对法，即把做出的答案同参考答案或书上内容进行对照，看有无错误、遗漏。语文、政治、历史、地理等学科的习题答案有时可以在课文中找到。除了和书对照外，也可以同其他同学的答案对照，看有无不同。三是代入法，即将结果代入公式中，看是否合理。不同的学科还有许多不同的检查方法，要注意摸索、归纳、总结。

复查之后，如果还有时间，不妨动脑筋归纳提炼出一般的解题路子，以求举一反三。如果检查中发现了错误，除了立即更正，一定不要忽视找出错误的原因。

此外，还要注意克服写作业过程中常见的几个不良习惯：

1. 边听音乐边写作业

有的同学平时写作业时喜欢一边听着音乐一边写，觉得这样效率才高。但是到了上课的时候，甚至到考试时会感到自己怎么也紧张不起来，别人都在奋笔疾书，自己脑子却像缺少润滑油似的，平时许多会做的题也想不起来了。为什么会出现这种现象呢？这是因为平时写作业时音乐会使大脑兴奋起来，久而久之，就形成了一种条件反射,上课、考试时,没有音乐的刺激,大脑就兴奋不起来了,这种不良的作业习惯会影响听课和考试的效果。

2. 注意力不集中

有的同学平时考试成绩挺好,但到了大考时成绩就不理想了,这也和平时写作业的习惯有关系。平时写作业注意力不集中,拖拖拉拉,一道题可以想半天,可到了考试时因为题量比较大,时间有限制,不允许你慢慢去想,这样就会不由自主地紧张起来,因而影响考试成绩。

怎样克服这种情况呢?平时写作业最好给自己规定一个时间,在限定的时间内,要完成多少任务。例如一个单元的练习,再分解为一道难题大概几分钟,简单的题大概几分钟;在这个时间段里,还要像上课一样,不做和写作业无关的事,如吃东西、上厕所、说话、看电视、听音乐、摸别的东西等。要有一种紧张感、节奏感,平时养成习惯了,考试时自然就不会感到紧张。

3. 写作业动作太慢

有的同学也知道写作业要讲求效率,可动作就是快不起来,写字、思考问题都非常慢。体育差、不爱运动、手脚笨拙、协调性差的孩子写作业容易出现这种情况,这是因为他们的运动能力和协调性比较差。要解决这个问题,就得经常训练自己的运动协调性,多参加游泳、跳绳、打球这样的体育活动,不能因为时间紧就不参加任何锻炼。磨刀不误砍柴工,只有动作练得快了,学习效率自然才会提高。

4. 厚此薄彼

有的学生在做自己喜欢的、学得好的科目作业时，就比较主动、认真，而对自己学得不好的，或者不喜欢的科目，作业就做得马虎，只为了完成任务。这个态度是要不得的。

写作业不仅仅是为了完成老师布置的任务，还应该找出自己的弱项，针对自己的不足，比别人多下功夫才能进步。另外，不能把时间都花在自己喜欢的科目上，回避自己不喜欢的科目，这样做的结果只能是弱项越来越弱，差距越来越大。

做最积极的活动分子

谁都渴望在有意思的游戏中快乐成长，做一个体魄健壮、生龙活虎、热爱生活、勇于探索、善于迎接挑战的人。

大家应该发现优等生们往往是最积极的活跃分子，他们在学校里，总是投入各种各样的活动中，大显身手！

但是，亲爱的同学们，你们知道吗？在这些活动中，优等生不但是为了玩得开心、放松，而更为重要的是这些活动培养了他们的很多能力和素质。

比如说有一项智力竞赛的活动，与所学知识无关，只是为了锻炼同学们的反应速度和分析问题的能力。不要认为优等生一定比你聪明，如果你去参与这项活动，他们未必是你的对手！

活动的最开始，锻炼的是我们的勇气和信心，因为参与是基础，然后进入其中，每走一步，每回答一个问题，都需要我们的镇定，需要我们的思考。众所周知，在这个世界上只有一种事物是常用常新的，那就是我们的大脑。即使在竞赛活动中，我们出现了失误，依然要对自己说没关系，我们会总结失误的原因，避免再犯同样的错误。只要将活动进行到底，我们的看法和意见得到表达，我们就是成功者。毕竟，学校竞赛活动贵在参与，友谊第一！

　　我们在总结这件事情的意义时，会发现我们真的受益匪浅：我们敢于表达了，我们学会独立思考了，我们不怕竞争与失败了，我们就成功了！

　　我们获得的成功和能力，对于学习来说，大有裨益！

　　再比如说，学校在暑期举行的夏令营活动，我们发现班级里的优等生大多争先恐后地加入，那是因为他们不想错过与大自然亲近的机会。我们也应该亲近大自然，向大自然学习！

　　人类是大自然的产物，大自然永远是人类知识的源泉、是人类的老师，所以我们青少年的知识，不仅要从书本中、实践中学习，也要从大自然的研究与探索中获得。生物学家达尔文从1831年登上"贝格尔"号舰到南美等地对动植物进行实地考察开始，前后经过27年的探研，获得了许多书本上没有的宝贵资料，终于在1859年提出了以自然选择为基础的生物进化论，"第一次把生物学放在完全科学的基础上"。其他如华莱士、第谷、古多尔和我国的李时珍、徐霞客等在不同领域做出重大贡献的人,也都是善于直接在大自然中探寻宝藏的能手。

夏令营活动会告诉我们什么?你是否思考过这个问题呢?对于同学们来说,在夏令营活动中,我们要经历很多锤炼。我们曾面对很多问题,我们曾挥汗如雨,所幸的是一种面对挫折不说放弃的态度会影响我们的精神世界,会影响我们以后的学习生活,会影响我们以后走向成功的人生之路!

有这样一种说法,学校不再是有院墙的学校!什么意思呢?每一个同学应该好好思考这句话,其中蕴含着很多信息与启迪,它告诉我们的是——走出去,不要总是在校园里那个小小的课堂故步自封,我们还要看看我们伟大祖国的发展,看看这个世界的发展!我们头脑里需要不断注入新鲜血液、新鲜力量。

想成为优等生的同学们一定不要忽视活动的重要性,活动其实是我们走出狭窄小课堂,进入精彩大课堂最好的渠道。当今的时代已经不是以往的陈腐时代,它对优等生提出了更高的要求,我们必须迎接这个挑战,牵着勇敢与智慧的手,走向精彩的人生。

所以不要等待,不要犹豫,相信自己是优等生,你可以轻松从活动中取得不竭的力量之源!

你的自信心、你的勇敢、你的洒脱、你的乐观、你的笑容、你的专心、你的兴趣、你的活动能力,都会在各种活动中得到验证,得到提高!

实践之中出真知：善读无字之书

阅读"有字之书"可以学习前人积累的知识、前人学以致用的经验，并从中借鉴，避免走弯路；读"无字之书"可以了解现实，认识世界，并从"创造历史"的人那里学到书本上没有的知识。

纵观著名画家齐白石一生的杰作，所展现出的是一幅幅栩栩如生的鱼虫，欣欣向荣的草木，刻意求工处恰如雕镂，粗犷豪放处犹如泼墨，真可谓是"形神兼备"。尤其是他的水墨画《虾》，更是别具一格，活灵活现，令人情不自禁地叫绝。但又有谁会知道纸上的画有多少"画"外之音呢！

以水墨画《虾》为例，为了能够将虾画好，齐白石对虾观察了无数遍。齐白石画的虾可谓是妇孺皆知，出神入化。他看虾、画虾已有几十年，可直到70岁时才觉得自己赶上了古人画虾的水平。

他严谨的创作态度更表现在不看"无字之书"不肯下笔作画上。他的好友老舍在某年春节时，选了苏曼殊的四句诗请他作画。诗中有一句"芭蕉叶卷抱秋花"，齐白石因对"芭蕉叶卷"没有亲见，当时又正好是北国的严冬，无实物可进行观察，他为了弄清楚芭蕉的卷叶到底是从右到左的，还是从左到右的，逢人便问，但是，很多人都没有进行过细心的观察，所以都不敢肯定是哪一个答案。

这个在别人看来似乎微不足道的原因使得他最后放弃了为老

舍作"芭蕉叶卷"画。人们虽觉得迷惑，但他认为这样做是正确的，之所以"不能大胆敢为也"，是因为"未曾见过"。

和齐白石一样，著名的医学家李时珍也是一个善读"无字之书"的人，他广博的医学知识就是在日常的生活实践中一点一点积累起来的。

李时珍的父亲也是一名大夫，那时的山里人因劳动特别辛苦，腰肌劳损是种常见病，所以，父亲常常给这类病人炮制用白花蛇做主料的药酒。李时珍当时特别好奇：为什么白花蛇会有这么大的功效呢？李时珍很虚心地向很多医生请教了这个问题，但没能得到满意的答复。

他决定到深山里去，亲自了解一下生活在野外的白花蛇。但是他的想法马上遭到全家人的一致反对，他们说："白花蛇生活在深山里面，而且剧毒无比，万一有个闪失，就会把性命丢掉！"但李时珍并没有被困难给吓住，他一心想要把这个问题弄清楚，因为只有这样，才可以使自己在医学方面有一个大的进步。

李时珍终于向深山进发了。经打听，李时珍来到了龙峰山，这里是白花蛇的理想栖息地，他在山路上足足等了两天，才等到一个捕蛇人路过。

捕蛇人告诉李时珍说："我家世代都是以捕蛇为生，但是没有一个能得善终，都是给蛇咬死的，特别是白花蛇，毒性特别大！"

听了捕蛇人的说法之后，李时珍并不感到害怕，而是告诉那位捕蛇人，为了减少天下人的病痛折磨，就是死于毒蛇之口，他也在所不惜。捕蛇人被李时珍这种不畏艰险的执着精神所感动，终于点头同意带他去找白花蛇了。

路上，李时珍向捕蛇人请教了许多关于白花蛇的问题，例如生活习性、特征和毒性等。捕蛇人见李时珍确实好学，就倾囊相授，把自己所知道的知识非常详细地讲给他听。尽管如此，但李时珍并不满足，他还是希望自己能够亲眼看看白花蛇。

两人在山里耐心地寻找着，一连好几天，他们连白花蛇的影子都没看到。捕蛇人泄气了，但李时珍毫不气馁，他有个坚定的念头，不亲眼看见白花蛇，绝不出这座山。这一天，李时珍和捕蛇人又在龙峰山山腰间搜寻白花蛇。眼看着山顶云层聚拢，暴风雨马上就要来了，于是捕蛇人便催促李时珍，赶紧往回走。

捕蛇人走在前面，李时珍在后面跟着，两人正匆匆忙忙地赶路，突然李时珍"哎哟"叫了一声。捕蛇人回头一看，不由得大吃了一惊。原来有一条白花蛇缠住了李时珍的左腿，蛇头正被踩在脚底下！

捕蛇人赶紧来到李时珍身旁，费了好大的劲儿才把这条白花蛇给抓进蛇笼里。捕蛇人对李时珍说："如果不是你碰巧踩在蛇头上，今天你就没命了！"

这次深山之行，李时珍不但亲自考察了白花蛇的栖息环境，而且还亲手抓住了野生的白花蛇，他又接连走访了好几位捕蛇人，掌握了大量有关白花蛇的第一手资料。李时珍就是这样，凭着勇于实践和不断进取的精神，终于完成了划时代的医学巨著——《本草纲目》。如今这本巨著被翻译成多种语言，在国际上享有很高声誉。

南宋著名爱国诗人陆游曾写诗对他的儿子进行劝勉道："古人学问无遗力，少壮工夫老始成。纸上得来终觉浅，绝知此事要躬行。"要掌握有用的知识，你就不应当以学习书本上的知识为满足，而应当走向社会，把书上的知识运用到实际中去，在生活中验证你在书本上所学得的知识，一边读书一边实践，这样你才能在实践中积累丰富的知识。

看了又看——把书读厚再读薄

在中国古代有一个有趣的历史典故：南北朝时期，有一名叫陆澄的学者，此人博览群书，被称为"硕学"。然而他看的书虽然很多，却无法把握文章的含义，也没有举一反三的能力。后来就有人送给他一个"两脚书橱"的雅号，讽刺那种读书很多却不善于应用的人。

现实社会中的"书橱先生"比比皆是，最常见到的就是那些"书呆子"式的大学生，他们都掌握了丰富的理论知识，可以说是"满腹经纶"，却无法与工作或生活实际相结合，就业形势的紧迫，他们只能"高不成低不就"，处于尴尬的境地。

某银行新招进来一位计算机专业的大学本科毕业生，单位让他负责从事计算机的日常维护和基础管理工作。但是这人不能将自己所学的理论知识与实际工作有效地结合，遇到问题只是在书中找，从来不懂得向老同事、老师傅请教。他总是认为自己学历好，对现在的工作不屑一顾，结果工作五年了连简单的维修都不会。

有人问爱因斯坦："声音在空气中的传播速度是多少？"爱因斯坦说："我永远不会去记在任何一本书中都能读到的东西。"英国曾有一个叫亚克敦的人，一生嗜书如命，家中藏书7万余册。他用毕生的经历不知疲倦地阅读，直到66岁那年去世也没有取得有创造性的成就。这样的人如同一泓清泉流经沙漠，只有吸入，却没有喷出。读书不理解、不应用，相当于吃饭不消化。

在引导孩子读书的过程中，作为家长应该注意的是要关注孩子的读书效率。有些家长有过这样的经历，给孩子买了很多书，孩子也认真在读，但是读过之后说不出来全书的内容和读后的收获。这就反映出了孩子的阅读是没有效率的。

把书读厚，一句话中可以体味到无穷的含义。把书读薄，把握住要领才能活学活用。读书的过程就是一个先把书读厚再把书读薄的过程。孔子说："学而不思则罔。"在读书的过程中要不断领会深一层的含义，才能把学到的知识转化成智慧和能力。如果读书只是囫囵吞枣，死记硬背又不求甚解，即便是知道得再多，这种知识也是死板和僵化的。

第三章

学而有术，清华学霸是这样炼成的

适合自己的学习方法才是最好的

当前,知识更新速度与日俱增,时代对我们提出越来越严格、越来越多样化的学习要求。单凭"铁杵磨成针""功到自然成"的方式,是无法适应目前的学习的。今日的学习成败,不仅取决于勤奋、刻苦、耐力与花费的时间和精力,更取决于我们的学习方法。

1980年,美国哈佛大学物理系教授、诺贝尔奖得主史蒂文·温伯格对《科技导报》记者说:"学生最重要的是拥有用自己最喜欢的方法学习的本领,而非安于接受书本上给你的答案。"

事实上,学习成果的好坏,与能否用自己喜欢的方式学习密切相关。哈佛优等生、美国第一位诺贝尔化学奖得主理查兹说过:"最有价值的知识,是关于学习方法的知识。"就像有些运动员一样,他们不一定完全按照书里要求的"正确姿势"来做动作,而是利用最适合自己的姿势去锻炼,最后反而获得了冠军。我们的学习也是一样的,如果你只知道循规蹈矩、按部就班地照着那些所谓的"最好的"方法来学习,效果可能会更差。

用自己喜欢的方法学习,是提高学习能力的重要环节。英国有位社会学家曾经调查了几十位哈佛大学毕业的著名人士，发现他们大多认为，学习时最重要的就是用自己最喜欢的方法学习。而法国著名生理学家贝尔纳也深有感触地说："适合我的方法能使我发挥天赋与才能；而不适合我的方法则可能阻碍才能的发挥。"由此可见，用自己最喜欢的学习方法可以使我们在知识的密林中，成为手持猎枪的猎人，获得有效的进攻能力和选择猎物的余地。

当你试图采用自己不喜欢的学习方法学习时，你就好像是在逆风中行走，非常困难。因而，有些同学就会逃离课堂，还有更多的同学会感到十分疲倦，还有些同学甚至觉得自己是个笨拙的学习者。

而当你明确了自己最喜欢的学习方法并运用它时，你学习的过程就像在顺风中行走，风速加快了你行走的速度。运用你最喜欢的学习方法学习会提高你的脑力，使学习的过程变得非常轻松，效率也会大幅提高。

我们在实际学习中也有所体验，有些同学喜欢独自一个人阅读，有些同学则在群体中会学得更好；有些同学喜欢坐在椅子上学习，有些同学则喜欢躺在床上或地板上学习。有些同学喜欢在比较自由的情形下学习，他们不喜欢墨守成规，需要多一些自由选择的机会，如自己决定学什么、从哪儿开始学等。而另一些同学则喜欢在按部就班的情形下学习，他们需要老师或家长告诉他们每一步该怎么做。

这些学习方法中,哪一个才是最好的呢?答案不是绝对的,只要是你最喜欢、最适应的,就是最好的。学习是个人行为,必须采取自己最喜欢的方法。

再有,学习不要事先规定"学几个小时",而是要看"学会了多少"。如果在学习中,由我们给自己划定一个个死规定,比如看几个小时的书、做几小时的作业等,那么学习就会成为时间的奴隶,学习失去了乐趣。

时间让我们感到害怕,钟表上的时间好像是我们的无形指挥棒,似乎我们的学习只是为了熬时间。结果时间白白地过去,我们却没有任何实际的收获。我们总是胡乱地说要学几个小时,却从不认真想为什么要学、学什么,效果自然不会好。

天才们往往没有哪个局限于时间,他们也并不是靠死板地规定学习多久成就他们的伟大的。

曾经有一个年轻人拜访了一位 80 多岁的老学者。在学者那狭窄的书房里,年轻人向学者倾诉了内心的困惑。

学者:"你应该抓紧现在和未来的日子。"

年轻人:"是的,我在尽力。但是,我已经浪费了十几年。"

学者摇摇头:"达尔文说他贪睡,把时间浪费了,却写了《进化论》;奥本海默说他锄地拔草,把时间浪费了,后来成为'原子弹之父';海明威说他打猎、钓鱼,把时间浪费了,后来获得了诺贝尔文学奖;居里夫人说她为孩子和家务浪费了时间,然而她不但发现了镭,而且还把孩子教育成了科学家。"

这些大人物都是善于掌控时间的高手，在时间里，没有局限。他们就像一条小鱼，自由自在地游弋在时间的海洋里。你羡慕他们伟大成就的同时，是否细想过这背后的奥秘呢？

如同在你的学习中一样，你所要的不是严格地强求自己学到几时，不是胡乱地做打算，而是首先看你的学习效果，自己消化了多少，确实弄明白了多少。

学习力比学习本身更重要

有不少青少年认为，在学校里学到的知识是十分有限的，所学的知识在工作和生活中根本无从实践。在有这些想法的青少年的眼中，最有力的论据莫过于不少成功人士也没有接受过完整的教育，但是这不妨碍他们获得成功。

的确，有不少成功人士没有接受完整的教育，李嘉诚就是一个例子，但是少年失学后他并没有忘记平时的学习，当年在学校里学会的学习方法和技巧在他的自学生涯中发挥了莫大的作用，这一点，也正是被许多"学校知识无用论"者所忽视的关键。

也许学校里学到的知识在以后的工作和生活中用到的很少，但是在学校里我们可以学到学习的方法和技巧，这些都可以让我们终身受用，并且会让我们能感觉到学习的快乐。

古人曰："授人以鱼不如授人以渔。"意思是说，学习捕鱼的方法比向别人要几条鱼好得多。捕鱼如此，学习亦然。从某种意义上说，学会学习比学会知识更重要。

李嘉诚在告诉青少年朋友们要学会学习时，打了一个生动的比喻。一个猎人到森林里去打猎，要准备猎枪和干粮。如果一个学生在学校里只知道积蓄知识，而不懂得与此同时掌握获得知识的方法和技巧，那么，等他以后走上工作岗位就像猎人打猎时只带了干粮没带猎枪一样。没有猎枪，干粮带得再多，也有吃完的一天。但是，如果有一支猎枪，并能运用自如，那么从此不仅能够生存下去，而且能够实现可持续发展！所以学习能力才是真正的成功之母。

学习的内容纷繁复杂，然而最根本最重要的只有一项——学会学习。学会了学习，一切都会招之而来。毫不夸张地说，学习能力是"元能力"，是一切能力之母；学习成功是"元成功"，是一切成功之母。

有人说："失败是成功之母。"也有不少人说："成功是成功之母。"这两种说法都有各自的道理。从失败中，可以获得宝贵的经验教训，从而获得成功。恩格斯说："无论从哪方面学习都不如从自己所犯错误的后果中学习来得快。"失败最有助于学习，从而最能促进成功。所以说，"失败是成功之母"。在成功中，同样可以学到如何成功的经验，还能从成功中获得自信，受到激励，多方面地有助于成功。所以马尔兹说："成功孕育着成功。"由这一论述可见，"成功是成功之母"也不错。

然而，现实中的许多事例表明，这两种说法并不总是能成立。只有那些从失败中汲取教训、学到教训的人，才能使失败成为成功之母；同样，只有那些从成功中学习到成功经验的人，才能使成功成为成功之母。所以，无论失败成为成功之母，还是成功成为成功之母，要想实现哪一方面，都必须以学习为基础。因此，说"失败是成功之母""成功是成功之母"，归根结底，是说"学习是成功之母"。只有学习能力才是真正的成功之母、永恒的成功之母。如果不具备学习能力，那么失败可以成为失败之母，成功也可以成为失败之母。

成功，并不是战胜别人，而在于战胜自己。你唯一能够改变的就是自己，你不可能也不可以去阻止别人的进步。而改变自己的唯一途径就是努力地学习，通过学习可以改造内在的品性与能力，从而改变外在的处境与地位。只有战胜自己的人，才是最伟大的胜利者、成功者。"欲胜人者必先自胜。"一个对知识和技能马马虎虎，不把功夫放在自己身上的人，失败是必然的。那么怎样才能学习知识与技能，怎样才能战胜自我呢？答案很简单，那就是充分运用你的学习能力。汤之《盘铭》曰："苟日新，日日新，又日新。"只有不断运用学习能力，才能达到持续更新、持续发展的高境界。

我们也可以用三段论来推导出我们的结论：

成功，取决于人的学识与经验——大前提；

学识与经验，取决于人的学习能力——小前提；

归根到底，成功取决于学习能力——结论。

所以，学习能力是真正的成功之母。

在知识经济时代，竞争日趋激烈，信息瞬息万变，盛衰可能只是一夜的事情。在激烈竞争中，只有不断学习、善于学习的人，才能具有高能力、高素质，才能不断获得新信息、新机遇，才能够获得成功。如果不能不断提高素质，跟不上时代发展的步伐，个人将会被淘汰，企业将会被淘汰。那么怎样才能避免被淘汰呢？毫无疑问，答案是不断学习、善于学习。

富兰克林说过："花钱求学问，是一本万利的投资，如果有谁能把所有的钱都装进脑袋中，那就绝对没有人能把它拿走了！"

无论是个人、集体、国家或民族，只有学习，才能永远立于不败之地；只有充分运用学习能力，才能无往而不胜。总之，学习是最根本最通用的成功大法，学习能力是最根本的成功之母。

课前预习和课后总结不可少

新学期开始了，开学的第二天，元元就找到了上四年级的"感觉"。

"妈妈！妈妈！你在哪儿呢？快过来，我要告诉你一件高兴的事儿！"一放学，元元就像一只燕子一样飞奔着跑向家里。

"什么开心的事把你高兴成这样啊？！"妈妈爱怜地帮元元

擦去额头上的汗。

"今天……上……语文课,老师……表扬……我了!"元元气喘吁吁地说。

"是吗,那说说看,老师为什么表扬你啊?"妈妈也高兴地问道。

"今天上语文课,老师问谁会背诵苏轼的《水调歌头·明月几时有》,我就举了手,接着全背下来了,刚背完,同学们就一起给我鼓掌了,他们都很佩服我。"

"元元真棒!"妈妈越听越高兴,问,"是不是昨天预习起了作用啊?"

"嗯,是啊,多亏了妈妈教我预习功课,老师还对同学们说:'从王元元回答问题的表现就知道他回家预习得很充分,你们要多向他学习。'当时,我心里真高兴!"元元想到了,就忍不住高兴地说。

原来,元元前一天晚上把第二天要学的内容预习了一遍,并且对不明白的问题查找了相关资料,还把苏轼的这首词也背诵了下来。

"没想到课前预习那么重要!人家说'笨鸟先飞',不管笨不笨,我看啊都要先飞!妈妈,你说对不?"元元调皮地说,妈妈也欣慰地笑了。

凡事预则立,不预则废,学习更是如此。课前预习,不仅能对所学内容有初步的概念,更可以带着疑问和难点去听课,还能事先形成完整的知识脉络，在课堂上查漏补缺，进一步巩固知识和加强理解。所以，一定要养成课前预习的好习惯：

（1）带着思考学习新知识，考虑这个知识点与之前所学内容之间的联系，它的难点在哪里，还有什么地方不明白的。这样在听讲的时候就有针对性了。

（2）预习时要尽量做笔记，记下自己的预习心得，还要写下自己没弄懂的难点、疑点，以便在课堂上加强注意。

（3）预习之后可以用一些练习题来检验一下预习的效果，这样可以巩固深化知识系统，让自己对新知识的理解更深一些。

胖胖和小志是好朋友，两个人成绩都不错，可是胖胖的成绩总是要比小志要差些。胖胖也很奇怪问题究竟出在哪里。

一个周末，两人像往常一样做完作业，胖胖提议去客厅看动画片，小志犹豫了一下，然后坚定地说："我还要学一会儿，你先去看吧！"胖胖不解，但没有多想，他跑到客厅，一屁股坐在沙发上看起了电视，十分钟过去了，小志还是没有出来。胖胖忍不住朝小志看去，这一看更纳闷了，他好奇地问："小志，这些内容我们不是刚学过不久吗？你把它们拿出来看干什么？"

小志说："我在做阶段性总结呢！这些知识是刚学过不久，但总会慢慢遗忘啊，而且以前所学的知识和现在学的这些之间有什么联系呢，我就在总结这些。"

"这有什么用啊！考试的时候还不是照样考新知识？"胖胖心里嘀咕着，不解地继续看自己的作文书了。

期中考试来了，这次，胖胖的成绩又没有小志高。胖胖拿着难住他的那道题来找小志了，请小志教他。

"胖胖，其实这道题并没有超出我们所学的内容，它其实是对我们这半学期掌握的知识点的综合，只要平时能够及时做好阶段性总结，把以前学的老知识充分利用起来，就很容易了。老知识不能变成死知识，我们要把它变成活知识，这样我们才能取得大进步！"小志并没有直接告诉胖胖方法，他希望胖胖可以自己悟出来。

果然，胖胖翻出以前的笔记，结合现在的解题方法，他突然知道这道题的解答办法了。

"阶段性总结！小志！真有你的！"胖胖由衷佩服，小志不好意思地挠挠头，笑了。

如果不能对已经掌握的知识进行灵活运用，那这些知识就等于是死知识，而把死知识变活的办法就是做阶段性总结，每学一段，就将所学知识进行整理总结，以便清晰地认清自己的弱点和不足，并紧密地将新老知识进行联系，从而为答题提供有效的帮助：

（1）全面回顾知识，把握重点和难点。先在大脑中回想知识点，然后再粗看目录和笔记，分析单元重点，最后全面、认真地通读本单元教材，查缺补漏，全面地掌握知识。

（2）弄清知识结构，突出内在联系，从而获得全面而系统的知识。可以将有关知识串联，或列提纲或分类列表，从而突出重点难点，使知识间的关系一目了然，便于记忆、理解和应用。

（3）归纳习题类型，探求解题规律，并做一些综合性较强的题目，使知识系统化、完整化。

没有好的学习方法，学习才会侵犯了玩的时间

四年级二班的瑶瑶每次不管什么考试都能考第一，这让同学们都羡慕不已。让大家最纳闷的是，很多人整天闷着头学习，成绩就是不见提高，而瑶瑶玩得比谁都多，却每次都稳拿第一，看着瑶瑶整天说说笑笑，一副活蹦乱跳的样子，大家是百思不得其解。

于是，大家纷纷向她请教她的学习秘诀。

"其实很简单，我的成绩全靠它。"瑶瑶拿出了一张计划表说。她说："取得好成绩，不等于在学习上磨时间，花费的时间愈多成绩才愈好。必须要提高学习效率，这样不仅保证了学习的时间，玩的时间也会多起来，所以计划就显得很重要啦！"

在学习时，瑶瑶从来不注重学习的时间，而是注重"理解""运用"和"熟练掌握"。别人每天回家先写作业，她则先复习课堂上做的笔记，对照书里的例题，看明白了再写作业，所以每次都能非常轻松地做完。每天写完作业，她只用10分钟的时间，把新的和旧的知识点都画到一张结构图上，是完全不看书画下来的。

画的时候就等于把以前的知识温习了一遍，同时把新知识和旧知识有机地联系了起来。

在计划表上，瑶瑶每天还留出了半个小时的时间，用来补漏洞。她把所有测验和作业中错过的题，都单独抄到一个本子上，每天补漏洞的时候，就从里面挑题目做，故意挑那些看起来比较生疏、印象不是很深的题，做对一次打一个钩，做错一次打一个叉，当一道题目能连续得到三个钩，她就认为自己彻底掌握，就再也不会去碰它。

就是在这样的计划之下，瑶瑶的成绩总是遥遥领先。

努力固然是好的志向，但并不需要拼死拼活的架势，因为学习即使努力了也不一定奏效。没有方法和窍门的努力只是卖力蛮干，或者埋头苦干。功课不是这么学的，也不是这么教的。

在一次数学课上，老师给大家出了这样一道数学题：请问将1至100之间的所有自然数相加，和是多少？老师承诺，谁做完这道题谁就可以放学回家。

你肯定想到世界知名的伟大数学家高斯了吧，没错，就是他。他就坐在童年的课堂上。

像你一样，为了能尽快回家享受那自由而快乐的美好时光，同学们都努力地演算起来，有的同学甚至额头上都渗出了晶莹的汗珠。

只有小高斯一人静静地坐在自己的位置上。他一只手撑着下巴，一只手在无意识地摆弄着手中的铅笔，若有所思的样子，他在寻找一种可以快速解答这个问题的办法。

过了一会儿，小高斯就举手交答案了。

"老师，这道题的答案是5050。"小高斯很自信地说。

"你可以给出你的方法吗？别人可连一半都没有加完啊！"老师略带吃惊地问他。

接下来这个答案一定是你很熟悉的，但一个小孩子能有这样的思维，确实不简单："当然。你看，99+1=100；98+2=100……以此类推，到49+51=100，50+50=100时，我们恰好得到了50个100是5000，然后再加上单个的100是5100，但这里50加了两次，所以要减去，最后剩下的就是5050了。"

做任何事情，都不是无条件努力就行了，勤奋刻苦和开动脑筋好比鸟儿的两翼，缺少其中一翼，都不能展翅高翔。

那些认为生活必然被学习填满的学生，那些很努力却无法取得理想成绩的学生，很可能是因为学习方法不够巧妙，或者对于这个问题不够重视的缘故。其实，只要方法得当，我们就能够轻松学习，学习就不会侵犯玩的时间了。

学霸的学习方法

成功一定有方法，失败一定有原因。只要我们能找到高效的学习方法，养成高效的学习习惯，我们就会大大提高自己的学习效率。

高效的学习方法包含许多共性的和个性的方法。我们一方面应该牢牢掌握共性的学习方法，如记忆规律、时间管理、先预习后听课、先复习后练习、画知识结构的大脑地图等良好的学习习惯。

另外，我们还应深度挖掘自己的个性化学习方法，如有些人喜欢整体学习，有些人则喜欢分步学习；有些人喜欢视觉学习，而有些人则喜欢听觉或动觉学习……我们要发挥自己的长处，形成自主学习的习惯，学会深度思考，充分享受学习带来的乐趣。

下面我们挑选了几种为专家和学者所推崇的较为正确的学习方法，供青少年朋友们参考。

1. 锥型学习法

诺贝尔经济学奖获得者、美国的西蒙教授曾提出了这样一个见解："对于一个有一定基础的人来说，他只要真正肯下功夫，在6个月内就可以掌握任何一门学问。"

为了形象地说明，我们把这种学习方法比作一把锥子。知识的专一性像锥尖，精力的集中好比是锥子的作用力，时间的连续性好比是不停顿地使锥子往前钻进。这种学习方法所支配的学习活动，呈现出一种尖锐猛烈、持续不断的态势。

这种学习方法的原理由一个浅显的例子就可明白：烧一壶开水，如果断断续续地烧，1万斤柴也烧不开；如果连续烧，10斤柴就够用了。

"锥型学习"方法对于现代人是十分有用的。现代人的有效知识（即实际需要的知识）大约相当于他总知识的10%，因此学习者没有必要面面俱到，应从本职工作出发按创造目标的需要学习知识，这样学习的知识都是有用的，像锥子一样，照准一个眼深钻下去你就会取得清澈的泉水。传统的学习是把沙子和铁砂混在一起来找铁砂，而采用创造性学习法，则要直接得多，是从沙子中吸铁砂。

2."螺旋上升"式学习法

所谓螺旋上升的学习法，就是用一系列的循环知识单元，来代替平铺直叙的知识积累和阐述。每一循环都比上一个循环更高一层，更进一步。这种"螺旋上升"式学习，可以说具有"格式塔"的特征。"格式塔"指的是把许多现象综合为功能单元的一种系统。通俗地说，是整体大于各部分总和的一种循环。后一循环需要以前一循环为基础，而又比前一循环更深、更高，使前一循环得到丰富和补充。

"螺旋上升"式学习法，以学习者所感兴趣或想研究的内容为目标。起点可以是某个基本概念、某个公式、某个实验现象、某个疑难问题，甚至可以是自己的某种设想。从这个起点出发，围绕着中心内容，学习、掌握与中心内容有直接关联的基本知识，同时了解那些与中心内容有联系但并不直接影响的有关知识。经过一个阶段的学习，使基本概念得到掌握，公式得到理解和运用，实验现象得到分析，疑难问题得到解释，设想得到丰富和完善。

与此同时，还了解了与所学内容有关的知识领域，领略了所学知识的概貌。在这一循环的学习中，又会遇到新的概念、新的问题，再以此为新的起点，进一步循环，进一步学习，进一步开拓视野。

3. 快速学习法

知识的更新越来越快，信息如同洪水一样不断涌来，传统的死记硬背的学习方法根本无法对付新知识的洪流。快速学习法可以使人们以高于常法 5 倍的速度灵活、迅速地掌握新知识。

人们都有这样的经验，一件难记的事情或一道难解的数学题，若是你有意识地向别人讲述几遍，就能大大地加深印象，易于记住或理出头绪。这是因为当你讲述的时候，为了说明它们，脑筋在紧张地活动，许多概念在"表现"它们的时候得到了强化，化为自己的东西。许多杂乱无章的"因子"在"表现"它们的时候，得到了整理，使它们条理化、清晰化了。

"快速学习法"正是根据上述原理展开学习的。在用这种方法学习时，先不求完全的理解，也不去听别人的讲述，而是拿到教材后，直接根据书前的目录，动员自己所有的潜在知识（即以前学过的有关知识、概念等），进行一次"自我讲授"。讲完后才打开书本，进行第一次通读。通读时不记笔记，更不问人，只是在不甚理解的地方画上记号。经过这次通读，第一次"自我讲授"的不足之处、谬误所在都会"跃然纸上"，使你体会颇深，受益匪浅。然后你就可以用自己的语言编制出一张精练适用的"目录一览表"，对照着它进行第二次自我讲授。这次的讲授就比第一次更完善、更丰富，许多模糊之处也会渐渐清晰起来，印象也大大加深。再者，又可以第二次通读教材，这次的通读所获得的感受、心得和体会便会像闪光的亮点一样永远记在心里。当你再进行第三次自我讲授时，就会更加顺利，发挥得更加开阔……这样，经过四到五个回合的自我讲授和通读、精读后，你就能得心应手地掌握这门新学问了。

把握阅读秘诀

戏剧大师莎士比亚说过："书籍是全世界的营养品，生活里没有书籍，就好像没有阳光；智慧里没有书籍，就好像鸟儿没有翅膀。"追求杰出卓越的青少年，他的一生离不开读书。生活中，许多人热爱读书，有着"像饥饿的人扑到面包上一样"如饥似渴的劲头。

可是，他们读了许多书却"收效甚微"，这是为什么呢？原因恐怕有两个，一是"消化不良"——读得太快了，操之过急，犯了"贪多嚼不烂"的毛病；二是"营养不全"——只读教材，其他方面的阅读没有跟上去。这就是"读书无方"的症结所在。

下面为青少年朋友介绍几种读书的秘诀，以供借鉴：

1. 兴趣引导法

兴趣是学习最好的老师。我们不要为了读书而去读书，而是要真正把读书当成自己生活中的一部分，当成一种兴趣，这样，你才可以坚持下来，去快乐地读书。

2. 循序渐进法

读书不能急于求成，一定要按照老师提出的进度和要求，仔细阅读前面的内容。等弄通弄懂了，再往下阅读。

3. 专门精读法

著名学者梁实秋曾说过这样一句名言："桌上永远只放一本书！"这句话虽然有些夸张，但确实是他的读书秘诀。

4. 互相切磋法

一个人苦思冥想，体会往往有限。要善于在周围的同志中交学友、拜老师。陶渊明说："奇文共欣赏，疑义相与析。"这是一种很好的自学方法。

无数事实说明：读书不在多，而在于一个"精"字，在于有没有合理的系统和计划，你的系统和计划之间有没有良好的逻辑关系。比如你读诗，在一段时间可以专门读一读唐诗，而在某段时间里则可以专门读李白，在你精读了李白的代表作以后，写点读后感，再看一看有关李白的评论文章，强迫自己在高层次上与世界最杰出的人物对话。

5. 读写结合法

知识在于积累，积累在于记忆。为解决一些人"记不住"的问题，实行"读写结合法"是很有好处的。历史上许多著名学者、文学家都是这样做的。唐代大诗人白居易，读书狠下苦功，口诵笔录，以致"舌生疮，肘生茧"。明末清初复社文人张溥，读书一遍，默写一遍，常常要读写七遍才肯罢休，于是干脆将自己的书斋命名为"七录斋"。试想，我们如能把书本中的难点反复读写，不就会达到古人说的"书读百遍，其义自见"吗？

6. 博览群书法

读书既要求深，也要求广。因此"博览群书"是每个读书人必须要做的。表面上看，"博览"要花掉我们好多时间，然而，正是这种"博览"，使得我们的知识面宽了，眼界开阔了，文化素质、道德情操也都在"博览群书"中得到潜移默化的提高。有了渊博丰富的知识，我们观察世界、认识世界的能力也强了，处理问题以及创新能力都会得到难以估量的提高。

7. 不求甚解法

这是东晋大诗人陶渊明颇为自得的读书方法。他认为，读书当有效率，不能为一个两个问题而影响整体。所以，他主张，对于某些暂时不懂的问题，暂且放过，先通读全书，了解总体，然后回过来，再细细推敲。

8. 深思求疑法

学问学问，要学就会有"问"。有了"问题"，找到了答案，也就有了"学问"。我们要学会自己发现问题，从而主动地研究问题，寻求答案。这里的关键在于读书要"深思"。杰出人士们能在阅读中进行批判性思考，也能在阅读中汲取前人思考的精华，进而将之融会，并在新的思考中进行创造。

9. 实践验证法

检验真理的唯一标准是实践。书本作为人类知识的积累，人类智慧的结晶，是我们应当努力学好的。但理论知识的掌握，需要通过实践来验证，来加深理解。

10. 快速阅读法

当今社会是信息社会，当今时代是知识爆炸的时代。每个人都有"读不完的材料，看不完的书报"的感叹。为了能适应时代的需要，更有必要掌握快速阅读方法。

在进行快速阅读训练中，青少年朋友需注意以下要点：

（1）要排除干扰，精神高度集中。

（2）用默读法，让文字符号直接输入大脑中枢。

（3）抓住关键点进行阅读。

（4）尽量减少眼球的停视，避免重复阅读。

（5）让视线多垂直移动，不左右扩大眼睛的视幅。

科学养脑，科学用脑

学习依赖我们的大脑，要想有好成绩，就要学会科学养脑，科学用脑。先来告诉你，吃什么东西能促进智力的发展吧。

一个人是否聪明，尽管有遗传、教育、环境等多方面因素的影响，但饮食对大脑的影响是至关重要的。那么，我们怎样才能使大脑获得更理想的养料呢？

健脑益智的主要物质有：蛋白质、维生素、碳水化合物、脂肪、微量元素等，它们主要来源于食物，营养的摄取直接影响神经物质的合成。

蛋白质是构成脑细胞及智力活动的基础物质。

维生素是帮助大脑学习与记忆的能手。

碳水化合物被誉为大脑活动的能源。

脂肪是大脑记忆的润滑剂。

相应地，要促进自己智力的发展，就必须在日常饮食方面注意：以大米、面粉、玉米、小米等为主食，保证脑细胞的重要热能来源，因为由食物转化的葡萄糖供给热能最快。

注意多吃些鱼、蛋、奶、瘦肉。脑中氨基酸的平衡，有助于脑神经功能及大脑细胞代谢。

要注意脂肪酸的摄取。这种脂肪酸在大豆油、芝麻油、花生油等植物油中含量丰富，以核桃脂肪质量最优。

还要注意水果、蔬菜和粗粮的摄取。这类食物富含维生素和食用纤维，对大脑具有系列的营养保健作用，可使智力活跃，精力充沛。

微量元素和常量元素也是大脑不可或缺的，缺碘会导致甲状腺功能低下而烦躁不安。海带与紫菜中富含碘；锗在人体内参与遗传过程，强化智力，有"智慧素"之称，在人参和天然矿泉水中含有；锌是大脑蛋白质和核酸合成必需的物质；铁对大脑感知关系密切，因为大脑营养源基本是从新鲜血液中供给，动物肝脏、豆类食品、黑豆、黑木耳、黑芝麻、红糖等食品中富含铁；钙对大脑来讲，可抑制脑神经异常兴奋，使大脑进入正常工作与生活状态。

适当安排好进食时间，形成良好的进食习惯，保证充足的营养，对促进智力发展是非常重要的。

还要告诉你，为什么不良生活习惯会损害大脑——

专家经过研究发现，一些不良的生活习惯会对大脑造成严重的损害。

长期饱食会导致脑动脉硬化，出现大脑早衰和智力减退等现象。现代营养学研究发现，进食过饱后，大脑中被称为"纤维芽细胞生长因子"的物质会明显增多。这些纤维芽细胞生长因子能使毛细血管内皮细胞和脂肪增多，促使动脉粥样硬化发生。

不吃早餐使人的血糖低于正常供给，对大脑的营养供应不足，时间长了就会对大脑有害。而且，早餐质量与智力发展也有密切联系。据研究，一般吃高蛋白早餐的儿童在课堂上的最佳思维期普遍相对延长，而食素的儿童情绪和精力下降相对较快。

甜食吃得太多的儿童往往导致智商较低。这是因为儿童脑部的发育离不开食物中充足的蛋白质和维生素，而甜食会损害胃口，降低食欲，减少对高蛋白和多种维生素的摄入，导致机体营养不良，从而影响大脑的正常发育。

长期睡眠不足或质量太差，只会加速脑细胞的衰退，聪明的人也会变得糊涂起来。

大脑中有专司语言的叶区，经常说话也会促进大脑的发育和锻炼大脑的功能。应该多说一些内容丰富、有较强哲理性或逻辑性的话，整日沉默寡言、不苟言笑的人并不一定就聪明。

大脑是全身耗氧量最大的器官，保证充足的氧气供应才能提高大脑的工作效率。用脑时，特别需要讲究工作环境的空气卫生。由此推理，蒙头睡觉时，棉被中二氧化碳浓度高；氧气不足，或长时间地待在污染的空气中，对大脑危害极大。

此外，在身体不适或患疾病时，勉强坚持学习或工作，不仅效率低下，而且容易造成大脑损害。

了解了这些危害大脑健康的不良生活习惯之后，在学习、成长的过程中，我们就要自觉地加以避免，注意用脑的卫生。

科学养脑很重要，科学用脑同样也是非常重要的。那么，我们应该如何科学用脑呢？

有的同学脑子越用越灵，思维越来越活跃，触类旁通，非常聪明；而有的同学却越来越糊涂，思维就像一团乱麻，理不清，道不明。他们之间的区别，其实就在于善不善于用脑。

学生时代是一个学知识、给大脑"充电"的时代，有紧张的课业任务要完成，又是一个身心剧烈发展，需要运动变化的时期。所以，科学合理地用脑对自身发展显得尤为重要。

善于用脑的人注意劳逸结合，动静交替，经常变换脑力活动的内容。如复习功课时，可以文理学科交替复习。

实践证明，交替复习，可以延缓大脑疲劳，比长时间读一门功课的效率高。自古就讲"文武之道，一张一弛"，脑力使用也必须遵循这个规律。在课后要及时复习，强化所学知识在大脑皮层中的作用，这比过一段时间再复习效果要好。

许多有成就的学者都懂得交叉用脑，让大脑交叉兴奋。例如，马克思在写《资本论》时，常常是借助读外文和演算数学题来驱散疲劳；达尔文在进化论的研究中，以阅读马尔萨斯的《人口论》作为休息；鲁迅在创作感到疲倦时，就会读点政治、经济、历史、地理、考古、文物等方面的书籍。

只有像土地的交替轮作那样，合理地运用我们的脑力，才会使它永不枯竭。

此外，脑子越用越灵是建立在合理使用大脑的基础上的，而如胡思乱想、过于紧张、超负荷使用大脑，对大脑是十分不利的。

头脑敏锐的人有遇事多想多问的习惯，他们先想后问，使神经系统充分发挥作用，使人的思维更敏捷，记忆更深刻。他们热爱生活，对周围的事物充满兴趣，常常参加课外活动，接触大自然和社会，以开阔眼界，增长智慧。

在生活和学习过程中，每个同学的最佳用脑时间并不一样。搞清楚自己的最佳用脑时间，合理地用脑，非常有利于我们提高效率，发掘大脑的潜力。

一般来讲，经过一夜的睡眠，大脑对前一天接收的信息进行了整理，消除了杂乱无章的东西，多数人在早晨到中午这段时间里的记忆效果明显。另外也有人认为，夜晚学习后，立即睡觉，大脑皮层随之转入保护性抑制过程，没有新的信息干扰，所以，晚上的学习效果好。

其实，哪段时间用脑效果最佳，在很大程度上取决于个人的用脑特点和习惯。

当你觉得疲劳的时候，让大脑放松，滋养生息，获得营养补充脑力；当你精力充沛的时候，积极开动脑筋，进行记忆和思考，使兴奋的神经用在该用的地方。遵循大脑兴奋和抑制的规律，该学习的时候学习，该休息的时候休息，大脑就会变得越来越聪明。

还要纠正一个错误的认识，那就是做梦会影响大脑休息。

我们常听有人说："这几天总是整夜做梦，休息不好，白天没有精神。"

睡觉时做梦，果真影响大脑休息吗？答案是否定的。

睡眠是一种生理现象，通过睡眠可以使整个机体得到充分休息，而梦也是睡眠时所产生的一种生理现象。睡眠与做梦好比形与影的关系一样，是分不开的。

睡眠可分为两种状态，一种是慢波睡眠，一种是快波睡眠。人在入睡之后，必须经过慢波睡眠方可转入快波睡眠，然后这两种睡眠状态要交替出现4～6次。每一次慢波睡眠约60～90分钟，快波睡眠约15分钟。在这两种睡眠状态下所显示的脑电图有很大差别。

一般认为，梦是在快波睡眠状态中产生的，如果此时被叫醒，他会说他正在做梦，而且内容生动离奇，记忆清晰；如果是在慢波睡眠状态下被叫醒，则很少有人讲在做梦。由此可见，做梦是睡眠时脑的正常活动。在正常的情况下，梦并非有害，也不会影响大脑休息。由于对梦境的回忆，有很大的个体差异，所以，有的人说他从不做梦，实际上是他遗忘了。

如果有的人说一夜总是在做梦，那是因为他醒来时，刚好是在快波睡眠状态或刚刚进入慢波睡眠状态。

至于有的人说总是做噩梦，那就和白天的精神状态有关了。如果白天焦虑不安、恐惧、抑郁，则往往做噩梦，反之亦然。这就是人们常说的"日有所思，夜有所梦""要想睡得好，白天勿烦恼"。由此可见，把白天的萎靡不振和不快都归咎于夜间做梦是不对的。

曾获诺贝尔生理学及医学奖的英国人克里克指出，"只要做了梦，人的头脑就会灵敏"。他认为，做梦可以消除大脑中无用的信息。如果不做梦，就无法对白天接收到的千万条信息进行筛选和去粗取精，那样反而对大脑有害。

加拿大的研究者也发现，那些做梦时间长的学生，学得快，也记得牢。道理很简单，既然做梦是一个温故知新，刷掉不必要记忆的过程，做梦多的人记忆力当然就好了。以色列神经学家卡尼的最新研究表明：做梦能使睡前几小时学过的知识更容易记住。所以，做梦是人自身的一种需要，做梦有很多的好处。在日常生活中，我们完全没有必要因为做梦多而苦恼。

科学用脑的习惯和方法都是逐渐养成的，如果你希望有胜人一筹的大脑，就应该从小处着手，从现在做起。

多样记忆法

记忆是一个人所经历过的事物在人脑中的反映，是人脑积累经验的功能表现。良好的记忆能力，从学习过程来看，就意味着我们的成功。

影响记忆效果的因素主要有以下几个方面：

（1）目的、任务对记忆的影响。一般来说，目的和任务越明确，记忆的效果也就越好。

（2）态度对记忆的影响。对所要记忆的对象保持积极的态度有利于记忆结果的保持，注意力集中是积极态度的主要表现。注意力集中时，大脑皮层的相应区域形成了优势兴奋中心，有利于对信息的接收、加工和贮存。

（3）理解对记忆的影响。理解意味着已经掌握了材料的内在联系，因而在理解基础上的记忆一般比死记硬背效果要好。

（4）记忆方法对记忆的影响。掌握良好的记忆方法，有助于记忆效果的提高。

科学家认为记忆力可分为短期记忆力、中期记忆力和长期记忆力。短期记忆力的实质是大脑的即时生理生化反应的重复，而中期和长期的记忆力则是大脑细胞内发生了结构改变，建立了固定联系。比如怎么骑自行车就是长期记忆，即使已多年不骑了，仍能骑上车就跑。中期记忆是不牢固的细胞结构改变，只有"曲不离口、拳不离手"反复加以巩固，才会变成长期记忆力。短期记忆力是数量最多又最不牢固的记忆。一个人每天只将1%的记忆保留下来。

这里，主要给同学们介绍几种有效的记忆方法：

（1）位置记忆法。首先要求记忆者在头脑中想象一个熟悉的场景。比如你从学校到家的一条路线，或你从宿舍到食堂的路线，在这条路上有一些特殊的点，如邮局、医院、大树、旗杆、店铺、招待所等，然后将这些地点与你要记的东西联系起来。回忆时，按这条路线上的各个点提取所记的项目。例如，你现在要记的项目有：汉堡包、比萨饼、黄油、可口可乐、香蕉，那么你就可以做以下的联想：

在邮局里寄来了一个庞大的汉堡夹心面包，医院改成了饭店，穿白大褂的医生正热火朝天地做比萨饼；医院旁边的那棵大杨树上，正汩汩地向外流着黄油，路旁的一个旗杆是用一个巨大的可口可乐瓶子做成的，从旗杆顶上流出的可口可乐，像一道黑色的瀑布，还散发着诱人的香味；在旗杆对面的店铺正卖着香蕉。

这种联想越奇特效果越好。回忆时，只要按照路线的各个特定位置提取所记项目就可以了。

（2）多感官记忆法。记忆时最好把5种感官——视觉、听觉、嗅觉、味觉、触觉等都充分调动起来，记忆的效果会更佳。这种多感官记忆法对掌握语文、英语最显著，因为不论哪一种语言都要有听、说、读、写，这4种能力恰恰涉及文字输入的通道。

（3）背诵记忆法。在我们背书时，往往有这样一种情境，就是反复地进行阅读和默读或大声地读。然而，优等生认为这样并不好，容易导致平均用力，只是空洞的口头功夫，犹如小和尚念经有口无心，学习效率很低。

语言是记忆必不可少的工具，我们在讨论记忆时，不应忘记语言。在形形色色的动物中，只有人类才具有语言。靠着这一无与伦比的"工具"，人类的记忆在质与量上都远远超过了其他动物，具有异常充实的内容。

为了提升记忆力，优等生选择尝试背诵记忆法，即在看过书两遍到三遍之后，合上书本，试着去回忆。其中，肯定有回忆不起来的地方，但没关系，继续下去，直到最后。然后，打开书，再看一遍，这时就知道哪些地方该注意，哪些地方可以不看了，从而重新分配自己的精力。看过之后，再尝试着去背。这一次，将会背出大部分的内容。如此重复四五次，一篇文章就差不多能记住了。

另外，还可以采用自问自答的形式。根据文章，自己提问，自己回答，这样可在无意识中加深对文章的印象，提高记忆的效率。

（4）两头记忆法。有的优等生发现在一天的晚上和第二天的早上记忆东西时，有很大的好处。据心理学研究表明，这样的"两头记忆法"是符合记忆心理学原理的。因为前后所学的知识之间存在相互影响、相互干扰的现象。有时，先前学到的知识被后来学到的知识干扰了，结果先学到的遗忘了，这叫后摄抑制；而有时恰恰相反，先前学到的知识干扰了后来学的，结果后学的给遗忘了，这叫前摄抑制。在晚上记忆东西，记完后上床睡觉，就不受到后摄抑制的干扰，而第二天记忆时，不受前摄抑制的干扰，因而所记的东西容易在大脑中保留清晰的印象。

当然，无论什么样的学习方法都需要我们付出行动和努力。

要开动脑筋。脑子越用越好使。学习绝不仅仅是死背书本，为了提高记忆力而积极地想办法、找窍门，无疑就是对大脑的锻炼和开发。如果以此为乐，努力实践，你的记忆力就会在不知不觉中提高。

最后，要告诉你一个小秘密！

经过调查研究，我们发现愉快的记忆会保持长久！

人们常说，好事记得牢，坏事忘得快。

美国心理学家阿瑟·贾希尔德曾做过这样一个实验：让学生把过去3周内经历的愉快和不愉快的事情写出来。

于是，受试者回想出愉快的事平均16件，不愉快的事平均13件。3周后，再进行同样的调查，愉快的经历为7件，不愉快的经历为5件。

另外一位名叫亨达逊的美国教育心理学家也做了同样的实验,实验内容是让10个人想出过去经历的100件事。结果表明,愉快的事情占55%,不愉快的事情占33%,介于二者之间的占12%。

这些实验的结果,证实了前面所说的"好事记得牢,坏事忘得快"这一规律。

因此,我们可以推测,记忆还伴随着喜好和厌恶的情感。而且,这种推测基本上是正确的。

不管是谁,没有人愿意回想不愉快的事情。有人甚至"永远不愿再想起来",因为回忆起来令人不愉快。这在心理学上叫"抑制现象"。

任何人都希望长久地保持愉快的心情。可以说,这是人的本能,对与本能相悖的行为,人们当然要去抑制。

其实,如果营造一种愉快的氛围进行学习,原来枯燥乏味的内容就会变得轻松易记。不过,这时一定要分清主次。

例如,本来你的目的是要背书,可你却选择了自己喜欢、经常哼唱的歌曲作为学习的背景音乐。结果被音乐所吸引,要记的东西不知道跑到哪去了。如此"营造轻松的氛围",还有什么意义呢?

专家提醒:提高记忆力,虽然方法很重要,但是也要注意平时的营养,如果用脑过度而又没有相应的营养进行补充,这种情况是会影响记忆力的,购买营养品应该注意选择一些容易吸收,有利于改善脑细胞的弹性，加快大脑神经信息传输速度而无副作用的植物产品。

做课堂笔记的妙法

为什么上课要做笔记呢？优等生说——

笔记是我们积累知识的重要手段，是弥补记忆缺陷的最有效方法。俗话"好记性不如烂笔头"，说的就是这个道理。

笔记有利于对知识的理解和掌握，可以培养我们的自学能力、综合能力和总结归纳能力。同时，笔记对帮助我们巩固知识、锻炼记忆也有很好的效果。

笔记反映了老师讲课的重点、难点与疑点。通过课堂笔记，可以掌握老师的思考方法、分析方式和解决问题的技巧与次序。可以说课堂笔记是我们的信息库和资料库，为我们课后复习和作业提供了丰富的参考资料，而且这些资料又是教材和参考书中所找不到的宝贵内容。

做笔记还有两个好处，就是避免我们上课分心和思想开小差，促使我们听课时集中精力，积极思考，深刻理解老师所讲的知识。同时更能充分调动眼、耳、手、脑四器官的互相配合与协调，锻炼我们的器官协调能力。

从上可以看出，笔记在学习中起到的重要作用，它像一个为你解决疑难问题的老师,在你的学习中发挥了重要作用。

有些同学反映,记笔记和听课常常不能兼顾,当记的时候,听就跟不上,而集中精力听,记又完不成。事实上,出现这种矛盾是没有掌握记笔记的要领。这里就谈谈怎样记好课堂笔记。

1. 明确笔记内容

课堂笔记并非把老师的板书或讲话一字不漏地全记下来,要有选择,有重点,有己见,讲实效。记课堂笔记一定要明确记什么,主要应记的有:

(1)记要点。即把课堂学习中的重要内容(重点),参照老师的板书,提纲挈领,有选择地用简要的语句记录下来。每堂课的重要内容,通常都是相关的一些概念、规律和方法(包括技巧)。如文科中的重要名词、论点、论据,如理科中的定义、定理、定律、原理、法则、公式、解题的方法和推理的必要条件、重要步骤、关键环节等。

(2)记典型事例和其他补充内容。老师为了更好地阐明问题,常从不同角度对教材作必要的补充,包括对某些字词注音和释义,对某些概念、规律的内涵做深层次的阐述,补充一些有代表性的事例或例题和习题,有选择地记录。

(3)记总结归纳性图表。图解能很好地揭示各知识点间的内在联系,表解则适合对相关概念进行对比、类比或归纳。还有老师的一些概括性陈述,如果是教材上没有的,重要的都要尽量记录下来。

（4）记推理程序和解题思路。为提高自己的思维能力，厘清老师的推理过程和解题思路很重要。要学会用简要的图示形式（如推理流程图、增减推导式、替换分析式等）记录推理过程和解题思路。

（5）记疑点和不同见解。"疑者，觉悟之机也。"一番觉悟，一番长进。小疑则小进，大疑则大进。不怀疑，则不能见真理。因而，学贵质疑。这要求我们对课堂学习的知识，包括书上写的、老师讲的、同学的发言，通过纵、横、顺、逆多角度的分析、比较、推理、判断，从中提出疑义或不同见解，并记录下来供研讨之用。

（6）记心得和顿悟。心得是认识活动中的体验，顿悟则是灵感，是思想的火花，是经过苦思冥想、积极思维后出现的突发性、创造性思维成果，是纵横联想的飞跃和升华。我们有时对某一问题绞尽脑汁，百思不得其解，恰是："上穷碧落下黄泉，两处茫茫皆不见。"后来由于某个偶然因素的启发，或触景生情，突然灵机一动，"忽如一夜春风来，千树万树梨花开"，问题迎刃而解。不少科学家的重大科学发现，如传说阿基米德在洗澡时发现的浮力定律，德·凯库勒散步时偶然想出的苯分子环状结构，都来源于心得，受益于顿悟。我们学生既有自己的心得，也有自己的顿悟，都是反复思考、不断酝酿而获得的一种体会、观点、猜想、构思或对某个问题的解法。但顿悟会稍纵即逝，不管它是否完美，都要及时记录，以备深入探讨。

2. 注意记笔记的方式

用于记笔记的工具一般有3种：

（1）书本。充分利用课本课文的周边空隙，做标记、眉批，其优点是记录简捷，查阅方便，也便于今后看书复习。

（2）纸片或卡片。对于大段的补充内容，包括一些总结归纳性图表，由于书上记不下，可以先记到大小适当的纸片上。但为了不致丢失，要将这些记有笔记的纸片，粘贴到书上的相关页次上。纸片也可以用专用的卡片代替。卡片纸质好，使用方便，又便于整理，适于做读书笔记。但因不便随课本保存，一般不宜做课堂笔记。

（3）笔记本。这是不少同学的方式，原因是笔记本容量大，所记内容集中，适合记老师的专题讲座、复习课和习题课的讲授内容，也适宜记总结归纳性图表等，还可以长期保存。

记笔记时可以充分利用符号。符号有多种，最常见的是加圈点、画线以及标问号、叹号等。

如用"I"或"II"表示段落层次，用"·"表示重点词语，用"～～"表示精彩的句子，用"--"表示中心句，用"？"表示疑问等。各种符号所表示的意思要始终一致。

也可以用批注法。如对字词的注音解释，可以直接批注在字词的上面，也可以集中批注在书页上下的空白地带；对重点词句的分析，可以批注在相应句段旁边的空白处，说明其含义或用法等。还可以用写意法，如对文章的段落大意和中心意思可以记在段末篇尾。

此外，用笔记本记笔记，要留出副页，或者是留出一页的 1/3 或 1/4 空白处。无论是预习笔记、课堂笔记、课后整理的笔记都是需要的，副页的内容一般也有 4 个方面：预习时发现的自己掌握得不够好或忘记的内容和问题，预习中产生的想法和体会；听课时产生的体会，易出现的错误（以提醒自己），易混淆的词语（以示区别），温习笔记时重视的问题；从课本以外的同类书中摘录的与笔记有关的内容；补充课本或老师没有讲到的相关知识。

3. 注意记笔记的速度

老师讲课的速度一般是每分钟 90 字左右，而学生听课做笔记的速度是每分钟 20～40 字，不少同学埋怨老师讲得太快，记不下来。其实，老师讲课的速度是有一个制约的，不能太快，也不能太慢。这就要求我们在记笔记的时候注意速度，掌握一些速记的方法。用符号法记笔记不失为一种快速的方法，此外还可以用压缩的方法来记，即抓住老师讲课中的一些关键性的话，用简短的词句去概括一段话的意思。要提高记的速度，专心致志听讲是关键，只有对老师所讲的内容真正听懂了、理解了，才能进行准确的压缩、记录。

4. 及时整理笔记

课堂上随手记的内容，由于为了争取时间，不影响听课，往往次序失当，轻重不一，不但缺乏系统性，可能过一段时间，自己都搞不清自己的"草书"。而课下整理笔记，是要形成一个知识的体系。因此，课后要趁热打铁，对照书本，及时回忆有关信息，对笔记出现的缺漏、跳跃、省略、简记等补充完整，对笔误的地方及时纠正，对错误之处或不够确切的地方进行修改。还可以编号分类，舍弃无关紧要的。这样，不仅可以帮助我们加深对所学知识的印象，提高并巩固记忆的效果，而且可以培养我们严谨而周密的思维习惯，提高分析概括的能力。

5. 不要抄别人的笔记

有的学生比较懒惰，自己课堂上不愿做笔记，下了课去抄别人的笔记。这是一种很不好的学习习惯，不利于锻炼自己的思维能力和整理能力。所以，最好不要养成抄别人笔记的习惯，不然，会影响自己的学习效果。

考试之前有准备

有的同学学习水平本来不低，但对精神压力的承受力很差，他们平时学习时发挥得很好，可只要一考试情绪就紧张，自控力差。有的同学说："只要一看到试卷，手就发抖。"所以总考不出应有的水平。

有的同学学习水平本来就不高，对自己能考好又没有信心，由于各种原因，总怕考不好，一上考场就紧张万分，结果连原有的那点水平也难以发挥出来。

还有的同学知识和能力水平较低，但心理因素较好，情绪稳定，自控力强，因此能把自己的水平在试卷上充分反映出来。当然，也有的学生对考试、学习满不在乎，被动地参加考试，他们没有思想负担，发挥得也不错，不过由于他们的知识和能力水平太低，尽管发挥得不错，但考试成绩仍然不好。

可以说，要想提高知识和能力水平，主要靠平时的努力。临考前或进入考场后，再想提高知识和能力水平就很困难或不可能了。

这时的关键问题是什么呢？是把自己已有的知识和能力水平充分地发挥出来。这时心理因素和方法因素对考试的成败就起了决定性的作用，因为它们的可变性较大。

如果把知识和能力水平按10分计算的话，那么一个只有7分水平的学生，由于他的心理因素和方法因素好（情绪稳定、意志顽强、答题方法科学等），在考试时就可以把自身的7分水平真正地发挥出来，甚至可以超水平地发挥。而另一个有9分水平的学生，在考场上因情绪波动大，意志薄弱，心慌意乱，最后可能只发挥出6分的水平。结果平时学习水平低的学生在考试时却超过了平时学习水平高的学生，这种现象在学生当中很普遍。每当这时，平时学习成绩好的学生就用"考试失常""没发挥好"来安慰自己。

面临考试，应该做些什么准备？

要想到，正是为了参加考试，才促使自己下决心认真进行了一次系统复习，从而使自己在知识的掌握上比过去更加完整、巩固和系统。有的学生在总结中写道："考试的意义在于复习。"这种认识很有道理，应当说，很多学生搞系统复习应当感谢"考试"。实际情况也是这样，知识掌握得究竟怎么样，需要在定期的考试过程中，通过独立解决问题来检验。考得好，就会促使自己进一步努力学习；考得不好，也会促使自己认真分析原因，找出自己在学习上存在的问题，从而进行及时的调整，以改变现状。至于老师，则可以从考试中发现教学中的问题，以便调整教学计划并对学生进行针对性更强的帮助。

优秀生正是认识到了考试的这些积极作用，才对考试采取了一种积极的态度。而有的学生认识不到这些，他们对考试抱着一种消极甚至抵触的情绪，抱怨考试把自己搞得像热锅上的蚂蚁，造成自己在考前的坏情绪，这种坏情绪给自己埋下了失败的种子。

考试本身就有一定的紧张度，再想到老师和家长的期望，想到自己的社会责任，在考试期间就使自己产生了很大的精神压力。这时，重要的是自己不要再给自己施加压力了，因为在难以承受的压力下是不可能考出好成绩的。要善于在临考前给自己减轻压力，怎么减压呢？

1. 临考前不要去想考试成败

临考前，不要老是想只能考好，不能考坏，考好了自己将如何如何，考坏了又将怎样怎样。

考试的结果应在平时学习时多考虑，因为，那时考虑才有可能促使自己改变学习状况，而平时的学习水平才真正决定着考试的成败。在临考前总去想考试成败对自己的影响，必会增加不必要的精神负担，使自己在考试前处于一种高度紧张和兴奋的状态之中。在这种紧张兴奋的状态下，常常表现出对自己的学习一百个不放心，以致一会儿看看这些知识，一会儿又看看那些内容；自己明明记住了的东西却又不放心，还非要去看一下不可。疑神疑鬼，神经过敏，吃不好，睡不安，使得大脑的神经细胞越来越疲劳，等到进入考场时，大脑就可能正处于最糟糕的状态，哪能百分百地考好呢？

综上所述，在临考前不要去想考试的成败问题，实际上，此时想这些不仅对考试无济于事，反而有害。

2. 临考前要想好万一考不好的"对策"

期中考试前要想，万一考不好，后半学期再努力，争取期末考好；期末考试前要想，万一考不好，假期抓紧补习，争取下学期追上去；高考前要想，万一考不好，明年再考或者在工作后走自学成才的道路。这么向前看，既有了考不好的思想准备，又有了最积极的对策和出路，精神压力就会小得多。

3. 临考前对自己的期望要实事求是

有的学生在考前给自己提出了努力的目标，这是一件好事。问题是提出的目标往往高于自己的实际水平，由于期望的目标不切实际，在考前给自己带来的只会是精神负担，而考后给自己带来的则是失望和烦恼。每个学生都应当认识到学习水平的提高需要经过一个循序渐进的过程，需要经过长期的努力。而影响学习效果的因素又是那么多，所以，每次考试前，对自己的期望一定要实事求是。如果期望切合实际，经过努力，取得了进步，才容易获得成功的喜悦；期望不切合实际，经过努力，虽然实际上进步了，但感受到的仍然是挫折。

4. 正确对待外来的压力

临考前，有的家长总喜欢给自己的孩子施加压力，说什么"考不好就不要进家门"，什么"再考不及格，假期哪儿也不许去"，什么"进不了前十名别来见我"……碰到这种情况，一方面要体谅父母望子成龙的心情，不要和父母顶嘴、吵闹，以免使自己的情绪受到更大的影响；另一方面要检查自己存在的问题，看看平时在学习态度上是不是存在着让家长不满意或不放心的地方。如果一个学生在学习上能够严格要求自己，学习勤奋，尊敬家长，就是没考好，家长一般也不会说出上面这些话的，而且还会尽力安慰和帮助自己的孩子。

考试期间，脑力劳动的负担是很重的，因此，在考前和考试期间一定要休息好，注意用脑卫生。

5. 临考前要减轻学习负担

这时应主要看看自己整理出来的复习笔记，加工整理后的习题、试卷，目的是熟悉一下学习过的知识，起到考前的"热身"

作用。

临考前,绝不要再去开辟"新战场",不要再做什么难题。有的学生临考前抓了一两个难题,可"面"上的东西却全丢掉了,结果导致考试的失败。

6. 要保证充足的睡眠

在整个复习期间一定不要开夜车或开早车,如果平时睡眠不足,生活规律混乱,那么在考试之前一定要调整过来。如果不调整过来,就是想早睡也睡不着。有了充足的睡眠,在考场上才会有清醒的头脑,才会有良好的思维效果。开了夜车的学生在考试后回忆说:"平时明明会的公式、定义,在考场上就是想不起来了,看着题目发呆,脑子发木,头脑不清醒,一头雾水。考试前开夜车真吃亏。"考试特别需要用脑,而考试前却不让大脑休息,这怎么行呢?

有多少平时在学习上占绝对优势的学生,因为在考试前开了夜车,一下子使自己的优势变成为劣势。开夜车的学生不能说学习不努力,但这种努力违背了用脑的科学规律。

考前睡得太早,会因为睡不着或睡眠太多而早醒而带来新的烦恼和问题;考试前玩得太累,也会因为过度疲劳而影响考试成绩。所以,考试前过劳或过逸都不好。

为了考试期间能安心睡眠,准备闹钟或请人叫一下也是必要的。起床时间离考试时间不要太近,起床以后活动活动,让头脑有个从抑制到兴奋的转化过程,刚睡醒就赶到考场,大脑兴奋度较低，对考试往往也不利。

7. 要适当进行文体活动

临考前，由于高度紧张，不仅需要充分休息，而且需要开展适当的文体活动。有时，躺下来休息一会儿，闭目养神，到室外散步，仍然难以将开动的脑子停止"转动"，头脑中仍然摆脱不掉对学习问题的思考，怎么办呢？最好的办法是进行文体活动，如打打球、弹弹琴、吹吹笛子、听听音乐。一个学生在打球、弹琴、吹笛子时，总不能再考虑什么学习问题，这样就可以使大脑得到积极的休息。

至于那些仍然需要动脑筋思考的活动，如下棋等，临考前还是不去玩为好。

8. 准备工作要仔细

考试期间，由于紧张，经常出现丢三落四的情况。有的学生到了上车的时候，才想起忘带月票；有的学生进了考场，才想起忘带钢笔、三角板、圆规；至于重大考试，忘带准考证的现象也是屡屡出现。这样的事情一旦发生，便会加剧考生的紧张心理，并且会直接影响考试的效果。为了避免上述情况的出现，可以把每天上考场要带的用具写在一张卡片上，去考场前逐项检查一下，以保万无一失。

用思维导图发掘你惊人的记忆力

思维导图是运用图文结合的技巧，表达放射性思维的有效的思维工具。放射性思考是人类大脑的自然思考方式，每一种进入大脑的资料，不论是感觉、记忆或是想法，包括文字、数字、符码、食物、香气、线条、颜色、意象、节奏、音符等，都可以成为一个思考中心，并由此中心向外发散出成千上万的关节点，每一个关节点代表与中心主题的一个联结，而每一个联结又可以成为另一个中心主题，再向外发散出成千上万的关节点，而这些关节的联结可以视为你的记忆。思维导图是最能善用左右脑的功能，借颜色、图像、符码的使用，有效增强你的记忆能力，最高效地提高你的记忆速度的思维方式。

让我们举一个简单的例子来说明这个观点：

上课听讲一般都需要记笔记，常常不能及时将课堂上老师讲的内容进行归纳总结，课堂上的笔记也仅仅是对老师讲解内容的机械复制（而且这种复制常常是不完全的），相互之间没有关联、没有重点。等到课后再想总结，由于时过境迁，对授课内容记忆已经不再完全，课堂笔记便成为残缺不全的、不系统的知识记录，对于今后复习的价值已经不大。

而如果你采用"思维导图"为工具记录笔记，那么将老师讲解的一些可信内容记下来，并且将这些核心内容之间的联系用线条连接起来。此时,你的思维重点、思维过程以及不同思路之间的联系就可以清晰地呈现在图中。这样的课堂笔记不仅能够迅速帮你进行归纳总结,而且整堂课的授课过程也被形象地记录在图中,以后复习时,只需将这幅图从头到尾再过一遍,那么当时的授课情景就会在你的脑海里重现一遍,这对于今后的复习无疑也有极大的帮助。

与传统记忆方法不同的是,采用思维导图记忆法更易于在关键词之间产生清晰合适的联想,人会处在不断有新发现和新关系的边缘,鼓励思想不间断和无穷尽地流动,这样大脑不断地利用其皮层技巧,越来越清醒,越来越愿意接受新事物,记忆力和联想力都得到了发展。

那么该如何绘制思维导图呢?

(1)拿到课本例如《背影》用大约10分钟的时间,对于所要记忆的内容作一个整体的了解,根据书本的目录做一张思维导图。

(2)根据课本的目录、自己对课本内容的难易度了解,把自己准备投入的时间分配到书的各个章节,并把它标注到我们刚刚完成的思维导图上。时间5分钟。

(3)选取书中的第一章,浏览《背影》课本的内容,并用彩色铅笔把书中看到的关键词、概念、名词解释,用不同的颜色进行标注。看完第一遍后,再顺着我们刚才标注的关键词,再一次进行快速阅读。如果有遗漏的内容,及时作出标注。时间10

分钟至 30 分钟。

（4）根据自己标注的关键词制作思维导图，如有不清楚的内容，可以作出标记，继续阅读下面的内容，直至整章的思维导图做完。如果本章的内容分节太多或内容量太大，可以分成几张思维导图来制作。时间大约 10 分钟。

（5）学完文章后，需要检测自己对本章的知识掌握的情况如何。可以拿出一张空白纸，合上书本，根据自己的记忆和理解画出思维导图。画完后，把它与自己通过看课本做的思维导图，进行比较和对照，看看哪些知识和内容自己已经掌握，然后对相应的内容进行强化学习。

（6）依次按照上面的 2 到 5，分别学习和复习其他文章的思维导图。

（7）把所有的内容完成的思维导图汇总成一张大的思维导图，对这张图进行复制，并做本书的总的知识的掌握。

在我们平常的学习过程中，我们就应该注意把课堂和书本知识的思维导图整理好。临近考试时，把学习笔记进行小结，并制成思维导图。然后把思维导图上色，突出重点，并为每门功课制作一张巨大的、总的思维导图，还可在每门课程各章节中插入一些事例，以帮助自己加强记忆。通过这种方式，就能弄清楚一些更详细内容是在何处以何种方式连接起来的。此外，对课程也有更好的整体认识，这样，就可以十分精确地回忆，"蜻蜓点水"般地在该门课程的各个章节之间穿行。

坚持每周复习一次思维导图，越临近考试就要越有规律。试着不看书或者不看其他的任何笔记来回忆思维导图，并简要地画出自己所能记忆的知识以及对这门课程的理解的思维导图，并将这些思维导图与总的思维导图进行对比，找出其中的差别。然后再进一步做整理和修正，加强对于还未掌握好的那部分的记忆。

第四章

转变心态，好心态才会有好成绩

成功源于自信的种子

经历过风雨,才能见彩虹。在这个世界上,没有任何事情可以不付出努力就得到收获,也没有任何人可以随随便便成功。

古人告诉我们"天道酬勤",就是要让我们相信自己,相信努力,永不言弃!

永远不要怀疑自己的天资!

永远不要放弃自己的努力!

我们可以问:"天资与成败的关系究竟是怎样的?"

智者告诉我们——

天资只是成才的一个条件,它本身并不能决定一个人最终能否成才。即使具有最优异的天资,如果不去做相应的努力,才能也不会得到充分的发展。

先给大家讲个小故事——

宋代政治家、文学家王安石写过一篇《伤仲永》,说江西金溪县有一个农民的儿子叫方仲永,5岁就能写诗,"指物作诗立就","文理皆有可观"。当时一些人为求仲永作诗,或请他父亲做客,或送钱给他父亲。他父亲见有利可图,就天天硬逼着仲永作诗,仲永从此一无长进，到十四五岁时，已"泯然众人矣"。

也许人们认为这种悲剧在今天不那么多了，然而事实并非如此。20世纪80年代，著名的上海交通大学有个学生陈某，他在小学三年级的时候就能装半导体收音机，读中学时就能拆装电视机，1978年参加上海市黄浦区数理化竞赛时获得物理第一名、化学一等奖；1979年在上海市中学数理化竞赛中，又一次夺得物理第一名、化学三等奖。他的记忆力超群，上海交大为测试他的记忆力，派人陪他走过一次南京路，过后他能对街道两边的店铺名如数家珍。学校因此很重视他，说他是"可爱的神童"。神童从此自恃天资聪颖，拒不接受教育，经常旷课，不做作业，1980～1981学年中因8门课程不及格而被勒令退学。

亲爱的同学们，悲剧的故事启人深思，你还会抱怨自己的天资不够聪颖，还在为此自卑吗？

你们知道吗？那些天资平平，却通过自己的努力最终成才的人，在历史上是不胜枚举的。

我国清代有个学者叫阎若璩，他少小驽钝，记忆力差，又患有口吃病。据说他6岁入学，读书千遍，还不能背诵；上学八九年，还不理解书中的意思，看来此人已是"孺子不可教也"。但是他知道自己的天资差，也就格外比别人用功。由于他长期勤奋学习，积累资料，研究问题，终于写出了《古文尚书疏证》一书，成为著名的考据学家。

我国著名数学家华罗庚说："我读小学时，因为成绩不好，就没有拿到毕业证书，只能拿到一张肄业证书。在初中一年级时，我的数学也是经过补考才及格的。但从初中二年级后就发生了一个根本的转变，这是因为我认识到既然我的资质差些，就应该多用一点时间来学习，别人只学一个小时，我就学两个小时，这样数学成绩就不断提高。"

"天生我才必有用"，别的同学行我也行。大家都是人，都是一个脑袋、两只手，智力都差不多。只要努力，方法得当，自己的成绩就能提高。其实，即使学习成绩好的同学，一旦放松努力，学习成绩也会下降。不耕耘是不会有收获的。

现在你明白了吗？

怨天尤人是没有意义的。努力才是我们自信的动力来源。

只要有努力、有付出，就会有回报。我们的自信不是无源之水，我们的成功不是无本之木！

成功起源于智慧老人悄悄埋在我们每个人心中的一颗小小的种子。你应该知道这颗种子的名字吧？

这颗种子就叫作自信！

自信是走向成功的强大动力。心理学家告诉我们，自信能产生心理的内在驱动力，促使一个人有良好的表现。许多情况下，有了自信，事情就成功了一半，一旦气馁则必败无疑。

比如当你初学自行车时，看到前面有块砖，生怕撞上它，这种心理会马上使你的车晃悠起来，而且偏偏对准砖头撞了上去。如果你对这块砖视而不见，蔑视它，不怕它，反而不会撞上。

同学们，你发现了吗？在这里，你骑车的技术是能否有信心不撞上砖的基础，而车技的提高，又与你胆子大小有关。

所谓胆子大小，就是对自己能否掌握车技的信心。信心与能力是互相促进，相得益彰的。

再有一个例子便是跳高。在你曾经跳过的纪录基础上尝试新的高度，最终能否跳过去，心理素质是决定性因素。只要心里一打鼓，一犹豫，竿子就会碰掉落地；只有勇气与信心十足时，才有可能一跃而过。这是凡参加过跳高的人都有的体会。所以，与骑车、跳高一样，人在做其他事情时，也由十分类似的原理支配着。

自信是取得成功所必备的心理素质。优等生中间永远不存在畏首畏尾、胆怯懦弱、缺乏自信的人。

美籍物理学家钱致榕，谈起他中学时代的一段经历时说，那时很多学生考试作弊，不求上进。一位责任心很强的老师，就从300个学生中挑选60个人组成了"荣誉班"，钱致榕也在其中。他们被告知，是因为他们有发展前途才被挑选上来的。对此这些学生十分高兴，对前途充满了信心，踏实认真地学习，后来，大部分人取得了可喜的成就。直到许多年以后，钱教授遇到那位教师时，才知道这60位学生是随意抽签决定的！

很神奇吧？

由此可以看出，当有的同学被告知"很有发展前途"时，他们就会产生强烈的自信心，因此自尊、自爱、自强而最终成才。

自信是一颗小小的种子,只要发现它,是金子就总会闪光。请同学们一定树立信心,相信你自己!

助你自信倍增的6种方法

我们根据优等生的成功经验来看,提高自信心是有办法的。亲爱的同学们,下面我们介绍几种方法,你们可以根据自己的情况采用一种或几种,必有成效!

1. 破除自卑

破除自卑是建立自信的根本方法。而破除自卑方法的具体措施,就是对每一个引起自卑的事实做一个拨乱反正的正确认识。

人为什么会产生自卑心理?是因为有一个认识在支配你,而那个认识是错误的。

你因为家庭条件不好而自卑,是因为你有一个错误的认识,认为家庭条件不好会受人轻视。你要给自己一个认识:我家庭条件不好,学习条件恶劣,但是我经过努力学得更好,说明我更有学习能力,我会赢得更大的尊重。这就是一个正确认识。

你因为个子矮而自卑,那么我们说,世界历史上的伟大人物中有很多个子都不高,拿破仑、马克思、列宁、邓小平等都是这样,所以我们不需要为个子矮而自卑。

要对引起自卑的事实有一个正确的认识,这是破除自卑的具体方法。

2. 每天对自己说"我行"

首先要告诉你的是永远不要对自己说"我不行"。总认为自己不行的人,语文不行、数学不行、英语不行,这不行那也不行,越认为自己不行就越没信心,越没信心就感觉越没劲,甚至破罐破摔。

尤其是学习基础较差的同学,快到期末考试时心里总想"我期中考试就没考好,我不行,所以这次考试肯定也考不好。反正是考不好,回去又得受我爸爸妈妈的斥骂,算了,不复习了",那自然还是考不好。

安东尼·罗宾在他的《潜能成功学》一书里指出,如果你想让自己变得积极进取,有一种方法,那就是"假装"。当你在生理上假装拥有某种心态,你就能实现那种状态。有句老话如是说:"如果你想无所不能,那就装得无所不能吧!"

如果你装得对学习很有兴趣、很有信心,很自然地你就能进入那种状态。俗话说:"没有身,则没有心。"或"没有心,则没有身。"你是否有这样的经验?当你觉得身体疲倦、衰弱、疼痛时,是不是觉得周围的一切都显得暗淡无光。若你觉得活跃有劲,你的思绪就会跟着灵动飞扬。

常有人找安东尼·罗宾,说他办不了某件事,罗宾就说:"装作你能办得到。"通常他们会回答:"不知道该如何假装。"罗宾就说:"就装作你知道怎么假装。你在举止上、神情上、呼吸上,都装出应该是的样子。当你真的装出应有的动作时,马上就觉得自己能办得到。"

同样的情形也发生在"过火"的仪式上。某些人面对火堆时，因为心理及生理上都做好了准备，所以充满了自信，准备一试。果然，他们能昂首阔步，安然无恙地走过火堆。

然而，有些人却在最后一刻退缩了。或许他们想起可能会发生的不幸后果；或许逼近火堆时，灼人的炽热赶走了原先培养出的自信。结果，他们的身体吓得直打战，或者大声喊叫，或者呆若木鸡。这时他们的肌肉僵硬，能否过去就可想而知了。

你也可以去想一想，是不是有哪一件事你做不来，但很想去做。如果你相信能办得到的话，你会怎么做？怎么说？怎么呼吸呢？现在就请你确确实实地展现你认为能办得到的生理状态来，看看这时候的站姿、呼吸、神情，是不是跟原先认为办不到时的样子有差别呢？如果你生理状态装得分毫不差，这时你就会觉得"好像"自己能做到先前认为办不到的事。

用这种"假装能行"的心理暗示，可以帮助我们克服自卑心理，树立自信心。你可以经常在心中默念："我行，我能行。"默念时要果断，要反复念，特别是在遇到困难时更要默念。只要你坚持默念，特别是在早晨起床后反复默念9次，在晚上临睡前默念9次，这样通过自我的积极暗示的心理，你就会逐渐树立信心，逐渐拥有心理力量。

3. 大声讲话

大声讲话，就是训练表达的自信，是建立完整自信的一个很好的突破口。

这要从今天就开始训练。一定要敢张嘴,一定要放大声。人多的场面不敢练,人少时候练;当人面不敢练,先面对镜子自己练。

4. 有开心,就有信心

回忆过去成功的经验,可以增强信心,既然过去能学好,就应该坚信今后会学得更好。

积累成功经验的过程,正是自信心增强的过程。美国成功学大师戴尔·卡耐基指出:"大胆地去做你怕做的事情,并力争得到一个成功记录。"他运用这个方法,使不少人摆脱了自卑的羁绊,树立起信心的风帆。因为对自己怕做的事情多缺乏自信心,所以不敢去做。可一旦尝试去做且取得成功,那么接下来的一些事情,也就更敢于去做了。

每个人在成长过程中,都有自己开心的事,开心的事就是你做得成功的事,那是你信心的产物、力量的源泉。每个同学都有很多开心的事,你要多想你最得意、最成功的事,例如回忆你100米比赛获得优异成绩的情景,回想那时你心里的感受。

有一个优等生,她曾经在学习的道路上郁闷过、彷徨过,甚至怀疑自己"我能行吗?"她的老师看到这种情况后,就对她说,"只要你振奋起精神,你就行"。在与老师的交谈中,她回想起自己曾经取得的好成绩和受到老师表扬时的情景,于是她心里踏实些了,有信心了,后来她经过努力,终于成功了。

这位同学再次拼搏努力,找回了她曾经遗失的自信与光荣。

这也告诉我们，任何时候，失败不是最可怕的，只要我们不曾输掉自己。

阳光总在风雨后，不要惧怕失败。

每一次的失败，都给我们经验。

每一次失败，都让我们长大。

每一次失败，都使我们走向成熟。

5. 挺胸抬头才有自信

有的同学总习惯低头走路，没精打采。其实，你知道吗？垂头是没有力量的表现，是失败的表现，是丧失信心的表现。成功的人、得意的人、获得胜利的人则昂首挺胸，意气风发。昂首挺胸是富有力量的表现，是自信的表现。

人的姿势与人的内心体验是相适应的，姿势的表现与内心的体验可以相互促进。一个人越有信心、越有力量，越会昂首挺胸。一个人越没有力量、越自卑，越会无精打采、垂头丧气。学会自然地昂首挺胸就会逐步树立信心，增强信心。

一位优等生平常学业成绩不错，可没想到小学毕业考试失利了，当他得知自己的考试分数，回家后一进门就耷拉着脑袋。他妈妈一看他的状态就知道他考得不好。他的妈妈不但没有批评他，反而鼓励他说："谁都有考好考坏的时候，世界上没有常胜将军。虽然考不上重点学校但精神上不能垮、不能气馁，儿子你要挺起胸、抬起头，振奋精神。"

他妈妈说"挺起胸""抬起头"，正表明这样的姿势是有力量的表现，是有信心的表现。在她儿子受到严重挫折的时候，她指导儿子挺起胸、抬起头，用外部姿势的改变来逐步消除儿子气馁的心态，帮助其儿子从挫折中走出来。

6. 对别人说"你好"

我们要习惯于问候别人："你好吗？"因为按照常规，别人也会用问候回敬你。你问别人好，别人也会问你好；你对别人微笑，别人也会对你微笑。我们几乎很少见到你对别人微笑问候"你好"，别人会横眉竖眼对你说"你不好"，这是不符合人之常情的。在微笑的问候中，双方都会感到人间的温暖、人间的真情，这种温暖与真情就会使人充满力量，增添信心。

生活中，你也许会留意到，封闭的人往往都不会自信。只有打开自己的心窗，让自己潮湿的心情走出来，透透气，接受阳光的抚摸，我们的内心世界才会温暖明亮！

在学习中，加强交流与合作

小玉和小玲是从小玩到大的好朋友，但她们又是一对竞争对手。

从幼儿园开始，两人就在一个班，不管是唱歌、画画、数学、做操还是体能，两人一直都你追我赶，不是小玉做得最好，就是小玲做得最好。

"下次我一定能做得比你好!"两人经常笑着对对方说,然后在学习中互相较劲。

就这样,一直到了六年级,不甘示弱的两人最后都以优异的成绩考入了重点中学。虽然一直较着劲,但两人的友谊反而加深了,学习成绩提高得也更快了。

两人都说:"我们都是很普通的孩子,没有什么特别的天赋和非常的智力,我们之所以能脱颖而出,其实很大程度上得益于自己的竞争对手,是她不停地鼓励我、鞭策我,激发我的潜能,促使我不断地进步。"

事实的确像她们说的那样:

"小玉,你的笔记借我看一看,上课时,有一个地方我没记下来!"小玲有些着急地说。

"好的!那个地方挺重要的,我还在旁边做了标记呢!你看吧!"小玉把记得工工整整的笔记本递给了小玲。

不一会儿,小玉又愁眉苦脸地问:"小玲,这道题好难啊,我没做出来,你用的是什么方法做出来的啊?"

"我用的是假设法。不要老想着老方法,那样会影响我们解题,你换一种思维试试看!"小玲说。

不仅告诉了解答方法,还告诉对方要注意什么问题,这样的竞争对手很少见!

从最初在班里的中等成绩,到后来的遥遥领先,小玉和小玲轮流占据着班里第一和第二的位置,这让同学们羡慕不已。而这一切，无不因为她们正确地看待和利用了竞争。

正确的竞争绝不是以压低别人为目的，而是在你追我赶中共同进步。正确地面对竞争，你的目标便清晰明确，即使是一次提问你也愿意比一比；正确地对待竞争，你便不会松懈，而是充满激情和斗志，在潜能得到充分发挥的同时，也日益坚定求胜的信念。

青少年在学习的过程中，要正视竞争的存在，喜欢并参与竞争，让竞争成为自己学习的动力。要懂得这样一个道理：帮助别人也是帮助自己。竞争对手得到帮助，取得了进步，这也是对你的鞭策和激励，促使自己更努力进步，同时，对方也愿意向你伸出援助之手，从而有利于营造一种良好的竞争氛围。同时，还要对自己充满信心，及时排除竞争时出现的紧张、忧虑、自卑等情绪。

学习不是孤军奋战，加强与同学朋友间的合作交流，对提高学习效率有出其不意的效果。

一个阳光灿烂的下午，三年级二班召开了一节别开生面的班会课。

班主任胡老师说："同学们，大家都知道'一个和尚挑水喝，两个和尚抬水喝，三个和尚没水喝'，可大家知道这是为什么吗？大家想想，为什么和尚愈来愈多，最后却没有水喝了呢？这种现象究竟说明了什么问题？怎样才能使这种问题得到解决，让所有的和尚都有水喝呢？"

大家都陷入了沉思，不一会儿，大家纷纷都发表了自己的意见：

"他们你推我，我推你，最后谁也不想挑了。"

"如果他们能一起挑水，这样谁都可以喝到水了。"

"我觉得他们应该在一起好好商量一下，要不最后谁都喝不到水。"

"你们说得都很好，这其实就是关于'合作'的问题。想想看，还有什么时候需要合作呢？"

"拔河的时候。"

"接力赛的时候。"

"出黑板报的时候。"

……

"对，劳动、进行体育活动，还有一起搞活动的时候都需要合作，那学习的时候呢？"

听到老师的提问，大部分同学都表示平时都是自己独立学习，如果遇到困难了会问老师，而很少想到问同学，更不用说平时和同学一起合作学习了。

"学习的时候需要有合作精神。同学们想一想，合作对于学习有怎样的意义？"

老师把这个问题留给了同学们。

尝试着和同学交流合作，不但能纠正错误，为解题提供线索，还有助于你对知识的理解，在思路变得清晰，眼界变得开阔的同时又调动起学习的气氛，提高了学习效率，还增强了学习动力。孔子曾说："独学而无友，则孤陋而寡闻。"不要忘了，学习也要交流和合作。

（1）讨论难题。对于疑点和难点，自学时往往难于打开思路，但如果几个同学一起讨论，各抒己见，很容易打开思路，使问题得到解决。

（2）可以采用讲课的方式。一个人像老师一样讲课，其他同学边听边检查边补充，这样就能有效而全面地掌握学习内容，而且印象深刻。

（3）互问互答式记忆。几个同学一起记忆，彼此提问，互相回答，一个人回答不出来，其他人可以提示，而且几个同学之间还带有竞争，这样就能刺激你的思维，提高记忆效果。

（4）采取各种方式使学习变得充满趣味。可以几个同学在一起，开展学习会、讨论会，进行数学游戏、诗歌对答，表演外语、口语、戏剧等，不但非常有趣，而且可以加深我们对知识的理解和掌握程度。

不为了成绩和文凭而学习

生活中，这样的场景随处可见：成绩下来了，有的学生欢呼雀跃；有的学生小声抽泣；有的学生情绪消沉，面色凝重；有的学生厌倦学习，想离校出走；甚至有个别学生萌生了轻生的念头。因为学习成绩不理想，怕面对家长、老师、朋友，已成为众多青少年的共同心理。其实，过于关注分数，把它作为成败的标志、心情好坏的风向标，产生过重的心理压力，是不可取的。

考试是为了及时查漏补缺，主要是作为自我测验、检查的手段。也就是说，考试不应作为我们的学习目的，至于考试所得分数，需具体分析。由于各种因素的制约，分数并不能完全判断出自己学习的全部真实情况。

中外有不少杰出人士在青少年时期，所表现出的天赋条件、所考的分数并不好。但是，由于自己艰苦奋斗，勤奋好学，终于成为著名的人物。

拿破仑小时候很愚笨，学习成绩非常差，唯有身体健壮是他的优点。他在巴黎军事学校毕业时的成绩名次是第42名，虽不知该班毕业生人数是多少，但排列到42名的名次，总不能算是好成绩。从传记来看，他只有数学比较好，其他学科都很差。据说，他终生不能用任何一种外语准确无误地说或写。更有趣的是，战败拿破仑的威灵顿公爵，小时候也被称为一名"愚蠢"的孩子，在学校的学习成绩很糟。甚至连他母亲也说他是个"笨蛋"。

从郭沫若先生读中学时的两张成绩单上来看，他当时显然算不上优等生。第一张成绩单平均成绩79分，包括国文、图画在内的3门功课不及格，最差的仅35分。第二张成绩单上，图画、习字的成绩也很一般，倒是理科成绩如几何、代数、生理等比较优秀。后来他没有成为数学家或医学教授，却成了大诗人、大书法家、大考古学家。

有人风趣地说："如果郭沫若在今天上中学，这样的成绩是很难考进大学的，即使考上了，家长和学校也一定要他上理科。像郭老这棵大师苗子肯定会被'善意'地扼杀了。"

钱钟书先生是现代著名的文学研究家、作家，自幼受到传统经史方面的教育，中学时擅长中文、英文，却在数学等理科上成绩极差。报考清华大学时，数学仅得15分，但因国文、英文成绩突出，其中英文更是获得满分，于1929年被清华大学外文系破格录取。

后来，他写出影响巨大的《围城》《谈艺录》《管锥编》等，被人誉为"拥有20世纪最智慧的头颅"。

通过上面的名人事例，我们完全可以得出这样一个结论：成绩并不能代表一切，并不能决定人生，不能以天赋论英雄，也不能以分数论英雄。很显然，仅仅用学校的成绩单来衡量青少年的聪明与蠢笨是不公正的。

当代青少年厌恶学习，还有一个原因，就是认为十几载的寒窗苦读只能换来一纸文凭，这样自己的付出和结果不成比例，而且近年来越来越多的事实表明，拥有高学历的人不一定能够在社会上取得绝对优势，有时，研究生和本科生的就业率还没有专科生好，在这种背景下，有很多青少年朋友更加质疑学校教育的意义。

有这样一则寓言故事：母鸡用自己积攒了一年的积蓄，从狐狸那里买到了一张"游泳大学毕业证书"。于是它拿着证书兴高采烈地去找凤凰，要求凤凰给它落实"游泳健将"的待遇。

然而出乎母鸡的预料，凤凰并没有答应母鸡的要求。凤凰说："你的职责是下鸡蛋，这毕业证书对你一文不值。"

"咯咯咯，"母鸡愤怒地争辩说，"你说得倒轻巧！这文凭来得容易吗？它可是我用钱买来的呀——一年的鸡蛋钱！你知道吗？"

凤凰冷静地回答说："事情正是如此，凡是用金钱买不到的东西用金钱买到了，它原有的价值便不存在了。"

文凭不等于水平，这已经是众所周知的真理，文凭不能真的遮羞包丑，天长日久，一个人的真实面目总会被人发现，所以，我们一定不能用功利主义的态度对待文凭，更不能把今天在学校中的学习生活单单看成获得文凭的手段，那样做，就大错特错了。

我们所能做的，不是拒绝现在的学校教育，而是端正学习态度，为了增长知识，提高能力，提升自己的精神面貌而学习，在校园中，重视培养自己这几方面的素质，而不要把分数、名次等表面的问题看得太重，因为那些东西，只是暂时的荣耀或"耻辱"，不能代表你的未来，只有握在自己手中的本领和才干，才是你今后安身立命的根本，明白了这一点，你就明确了学习的方向，不会再感到迷茫了。

以一颗平常心对待同学间的竞争

竞争无处不在，我们的学习中也充满了竞争，它就像是把"双刃剑"，用好了利人利己，可以大大促进自己的学习；用不好则会误人误己，不仅会阻碍自己的学习，还会影响同学之间的感情。因此，对于竞争我们要有一个清醒的认识。

同学之间的良性竞争能激发学生强烈的成就感和进取心，促进学生顽强拼搏，同时也会给同学带来快乐，注入新的活力。要改掉在学习中采取恶性竞争的方式，破坏同学之间友谊的坏习惯。

在一个班级里，学习成绩、文体比赛、劳动竞赛，甚至课余爱好，都会使同学之间产生竞争。但是，在学生的心目中，最普通也最"残酷"的还是学习成绩上的竞争，也就是在考试分数上比高下。本来如果把竞争发挥好了，的确是一件很有益的事，但有些同学为了实现这一目标，使用的却是消极竞争的策略。比如，有的同学为了麻痹自己的竞争对手，就在班里故意不学习，装出一副很轻松的样子，但是回家后却加班加点"开夜车"；有的同学把学习上的竞争泛化到与同学的一般交往上，不仅在心理上嫉妒对方，而且还会表现出轻视对方的各种言行，甚至有时会在背后诋毁别人。这种消极竞争的做法，其实是一种心胸狭窄、不会学习的表现，是我们学习路上的"拦路虎"，它不仅使我们无法获得真正的友谊，而且也无法吸收、借鉴别人的长处，另外，它还会影响我们的身心健康。

积极的竞争应是在一种友好的氛围中进行的,它能够实现自己和同学成绩的共同提高,而不是自己上去了,却把同学踩下来。因此,会学习的同学必须彻底抛弃这种狭隘的消极竞争,学会积极竞争。

王玉玲同学,2001年河北省保定市高考第二名,她就认为,自己之所以能从一个小县城里脱颖而出,在很大程度上得益于自己的竞争对手。"是这些竞争对手不时地鞭策我、激励我,使我在成绩面前不骄傲,在失败面前不沉沦。"

的确如此,在积极的竞争中,人们的自尊需要和自我实现的需要更为强烈,克服困难的意志更加坚决,争取胜利的信念也更加坚定。当你和某一个同学成为学习上的竞争对手时,你的学习目标就会非常明确,课堂中的每一次提问,每一次作业的质量,每一次考试的成绩等,你们都会比一比,从而使你每天的学习目标都很明确,不敢使自己有任何松懈,潜能因此而得到了充分的发挥。

同学之间的竞争是不可避免的,那么,我们该如何对待才能既收到竞争的良好效果,又避免竞争可能带来的心理伤害呢?

教育专家们告诉我们:对待同学之间的竞争的正确态度应该是:既不回避竞争,也不盲目竞争——竞争的目的不是压低别的同学,而是提高你自己,它要求我们必须做到如下几点:

1. 借助竞争激发潜力

在竞争的条件下,人们的自尊需要和自我实现的需要更为强烈，对于竞争活动会产生更加浓厚的兴趣，克服困难的意志更加坚定，争取优胜的信念也更加强烈。我们要从主观上认识到这些，树立起一种积极的心态，为了取得竞赛的优势，全力以赴，充分发挥自己的能量与创造性。

2. 找到适合于自己的目标

竞争的目标应该是有层次性的多样化的，如果只盯住顶尖的位置，或者只在自己不擅长的方面与人争锋，势必经常遭受挫折和失败，易使人产生挫折感、失败感与自卑感。所以，我们应根据自己的实际情况，找到适合于自己的目标。这个目标不会唾手可得，需要我们付出努力，但又不是可望而不可即的。

3. 学会与自己竞争

从前的你和现在的你肯定不一样，你的将来也不会和现在一样。因此，要学会对自己作纵向比较，看自己哪些方面进步了，还能取得什么进步，这也是一种竞争。而且，这种竞争有助于你正确看待同学之间的竞争。

4. 抱着合作的态度参与竞争

这才是真正的明智之举，不仅获得了竞争的动力，而且避免了对同学采取嫉妒、贬低和仇视的态度，有助于维护同学间的友爱关系及集体精神。

5. 适时的心理调整

当竞争过频或过强，就容易产生紧张、忧虑、自卑等消极的情绪体验，不利于自己的身心健康。如果出现这样的情况，可以通过适当降低竞争目标、改变竞争对手、转移竞争取向等措施，及时地加以调整，以消除过分紧张的心理压力。

真正的竞争还是自己与自己的竞争，超越昨天的自己，才是真正的竞争取胜。

总之，我们要正确对待同学之间的竞争，既要保持一种锐意进取的精神状态和斗志，又要保持一颗平常心。让竞争朝着积极、良性的方向发展，并以此来激励和促进我们的学习。

竞争与友谊是并行不悖的，它们并没有本质上的冲突。在与同学的竞争中，我们应向竞争对手伸出友谊之手；同学向我们借笔记或请教于我们时，应给予热情帮助。从而做到彼此激励，相互竞争，共同攀登，形成一个和睦、友好、互助的良好氛围，实现学习的共同进步。

在学习中要学会给自己减压

生活中的压力可能并非来源于所陷入的生活困境，而是来源于我们对这些生活经历所采取的反应。你无法控制生活降临于你头上的打击，但你能控制自己对待这一打击的态度。所以，在面临心理压力时，你一定要做到：不要让压力占据你的头脑。保持乐观是控制心理压力的关键，我们应将挫折视为鞭策我们前进的动力，不要养成消极的思考习惯，遇事要多往好处想，洞察你自己的心声。许多人对一些情形已形成条件反射，不假思索就做出反应。我们应多聆听自己的心声，给自己留一点时间，平心静气地想一想，努力在消极情绪中加入一些积极的思考。

"我一定要考上重点中学！"你一面给自己打气，一面又觉得倍感压抑，你的心里像敲起了战鼓，鼓点像暴雨中的雨点一样急促而有力，但是每一滴都狠狠地砸下来，让你有些承受不了了。

你给自己制订了学习计划，你每天严格地按照计划执行，只是随着时间的推移，你心里的那种压力越来越大，有时你甚至觉得有种透不过气来的感觉。

渐渐地，你吃不下饭，晚上总是很难入睡，即使入睡了也很容易被惊醒，你觉得浑身无力，走路像踩在棉花上。

渐渐地，不管是上课还是自习，你的精力都无法集中。

心里那种无形的压力愈加膨胀，像块巨石牢牢地控制住了你。这样的事情在我们的身边比比皆是，这里说的其实就是压力。

压力是人的内心深处的一种情感体验，一定的压力会让人奋起，成为人行动的动力，但如果压力过大，那么对一个人的影响就非常严重了，曾经有一位教授这样说：压力的杀伤力比我们周遭环境中产生的任何事物都还要强大。

我们都知道，生活中充满了各种各样的压力，而且即使是最有智慧的人也无法将压力消灭。倘若我们不懂得如何给自己减压，那么终有一天会被压力压垮的。

所以，当压力不可避免时，如果你想在充满压力的环境下求得生存，并尽可能地保持轻松愉悦的心境，就需要拥有松树的智慧了。随着压力的增大，不断地给自己减压，最后逃离压力的暗影。

不要埋怨压力，重要的是改变你在充满压力的环境中时的境况，而这，唯有给自己减压。

很多人的压力就是来自对过去念念不忘，削减压力的第一步，就是要抛开过去，着眼现在，重新制定切合实际的学习目标。需要注意的是，目标的制定一定要和自己的实际水平相结合，如果目标定高了，你马上就会开始担心它是否能够实现，这种担心无意识地已经成为学习的压力了；反之，如果把目标定得过低的话，就不利于改善当前的状况取得进步。

一旦目标确立，接下来就是赶紧行动。所有取得成功的人都知道，要成功就必须坚持。你也必须马上行动，并且要坚持下去，千万不要拖延，拖延既耗费时间，又让刚刚聚集的动力慢慢减弱。如果你能够在你确定目标之后坚持行动一回，你会发现你已经没有多少压力了。

所有的压力都会在行动中找到发挥和发泄的途径。只要你坚持下去，努力学习的结果不仅仅是学业的进步，更多的是你将获得学习的信心，你知道自己能够坚持学习并且能够取得进步，这才是长久消除学习压力的方式，也是你获得学习动力的途径。看见学习有进步，所有的学生都会喜欢学习的。

第五章

惜时如金，在读书上花费的时间会在将来回报你

有目标有计划地积累知识

在学习的过程中，最重要的是有一个明确的学习目标，有计划、有目标地去积累知识，这样才会有显著的学习成果。一个什么都想学，什么都想积累的人，最后什么都学了一点，往往什么都学不成。

一位教育学家指出："你的周围有一个浩瀚的书刊的海洋，要非常严格慎重地选择阅读的书籍和杂志。爱钻研和求知欲旺盛的人总是想博览一切，然而这是做不到的。要善于限制阅读范围，要把精力和时间放在最值得学习的知识上。"这说明一个人在学习过程中，一定要学会有所选择，根据自己的志趣和目标选择合适的学习内容。

福特少年时，曾在一家机械商店里当店员，周薪只有2美元多一点。他自幼好学，尤其是对机械方面的书籍更着迷。因此，他每星期都花两块多钱来买书，孜孜不倦地研读，从未间断。当他和布兰都小姐结婚时，只有一大堆五花八门的机械杂志和书籍，其他值钱的东西则一无所有，但他已拥有了比金钱更宝贵、更有价值的机械知识。

几年后，父亲给了他200多平方米的土地和一栋房屋。如果他未研读机械方面的杂志书籍，终其一生，也许只是一个平平凡凡的农夫而已。但"水向低处流，人往高处走"，已具有丰富机械知识、胸怀大志的福特，却朝向他向往已久的机械世界迈进。此时，从书本上得来的知识，助他开创了一番大事业。

功成名就之后，福特曾说道："积蓄金钱虽好，但对年轻人而言，学得将来经营所必需的知识与技能，远比蓄财来得重要。"

学习知识贵在有目标。有了目标，才能明确"积"什么，"累"什么。缺乏内在联系的知识，或虽有联系但彼此相隔太远的知识，积累得再多，也难以发挥作用。

有了目标，才可能判断知识的相对价值，知识具有或大或小的价值，因人而异。对于不同的立志成才者来说，它们的价值又具有相对性，并不一样。语言对于学习历史、哲学、文学的人价值很大；可是对学现代物理的人价值就小多了。因此，应根据自己的需要，选择最有用的知识。可见，只有明确目标，才能在较短的时间内掌握较多的知识。

为了更好地构建你的知识大厦，使你的学习变得有目标、有计划，你需要坚持以下几个原则：

1. 目的明确

在现在科学分类愈来愈细的情况下，一般人不可能在许多领域中都取得出色的成就。知识的海洋无边无涯，而人生的时间和精力却总是有限的。一个人能在某一领域有所建树就很不错了，因此，在确定了自己终生奋斗的目标后，积累知识就应有明确的方向，战线不可拉得太长。积累的知识太杂，会忽略学习的重点，以致喧宾夺主，劳而无功。况且，要在最佳年龄区做出创造性贡献，时间也不允许你把某门学科的近邻远亲都搞个一清二楚。有句名言说得好："什么都想知道，结果什么也不知道。"学习要明确目的性是至关重要的。

2. 认真筛选

任何名著、佳作都不可能字字闪金光，句句皆良言。一般会既有其独到的见解，也可能有失之偏颇之处，有些甚至是良莠混杂。因此，学习知识必须善于分析，去粗取精，去伪存真，为我所用。要善于沙里淘金，撷取闪光的思想、观点和方法。

3. 统筹兼顾

学习知识必须从横纵两个方面考虑，统筹兼顾。所谓纵的方面，就是积累那些有利于把学习引向深入的知识；所谓横的方面，就是在积累那些专门学科知识的同时，搜集与自己研究的领域、探索的问题有密切关联的学科的知识，有时其他学科的知识能给自己的学习带来启发、联想和论据。马克思为了研究政治经济学，阅读了1500多种书籍，甚至连农业化学、实用工艺学之类的书都不放过。对知识和材料的统筹兼顾，实际上也是在培养自己的综合能力和预见性。

马克思有句名言："研究必须充分地占有材料，分析它的各种发展形式，探求这些形式的内在联系。"研究某一具体问题，必须尽可能地研究涉及这一问题的所有资料。只有在大量资料的基础上进行归纳、分类、分析、综合，才能有所发现，有所创见。

4. 及时摘录

一位著名学者曾告诫青年，一发现有价值的东西就要如获至宝，马上摘录下来。读书看报，随时都可能碰到有用的知识。这时，就要立即把它们记下来，做成知识卡片。有些零星的、散见在报纸杂志上的资料，如果不及时收集，往往如过眼烟云，稍纵即逝。重新查找不仅费时多，而且有的资料往往一时很难再找到。

利用卡片、笔记等方式积累知识，是为了帮助记忆。

知识的价值之一就在于其准确性。因此，我们在做记录时一定要做到"认真"二字。摘抄完毕，最好与原文核对一遍，特别是引文和数据等。作者的基本观点，最好采用原文，以免在自己转述时失真。资料的出处（版本、日期、页码等）要丝毫不差地记上，以便需要的时候翻阅原作。

5. 注意求新

学习知识要注意求新，要不断学习和吸收新知识和新观点。在一定时间内，针对某一问题的研究，不仅要收集前人对这一问题的看法和观点，了解他们探索的足迹，同时更要注意收集同时代人的研究成果，特别是目前的研究进展。这就要求我们不仅要在大部头著作上搜寻，更要经常阅读各种期刊、评论及文摘。一般新出版的著作里记载的往往是几年前甚至10多年前的研究成果，而出版周期较短的杂志，则有助于读者掌握国内外的新动向、新思想和新成就。

与时间赛跑

从前,在非洲有一个名叫时间的富人,他拥有无数的家禽和牲畜以及无边无际的土地,他的田里什么都种,他的大箱子里塞满了各种宝物,他的粮食装满了谷仓。

时间富人拥有这么多的财产,他把牛、羊、衣服送给穷人,于是人们说世界上没有一个人比他更慷慨大方了,还说,没有看见过时间富人的人就等于没有生活过。国外的人也知道了,于是,各国商人远道而来,舞蹈家、歌手、演员、使者也都来了,他们只是为了要看一看这位富人,回国后就可以对百姓说,这个富人怎么生活,他是什么样子的。

很多年后,有一个部落准备派出使者去向时间富人问好。临行前部落的人对使者说:"你们要想法见到他,要设法知道他是否像传说中的那么富有、那么慷慨。"

经过长途跋涉,使者终于到达了时间富人居住的国家,他们在城郊遇到了一个瘦瘦的、衣衫褴褛的老者。

使者问他这里有没有一个时间富人?

老人忧郁地回答:"有的。你进城去,人们会告诉你的。"

使者进了城,向市民问了好,说:"我们是来拜访时间富人的,我们很想看看这位神奇的人,准备回去后告诉同胞。"

正当使者说这话的时候,一个如老乞丐模样的人慢慢地走到他们面前。

这时有人说:"他就是时间富人,就是你们要找的那个人!"使者看了看又瘦又老、衣衫褴褛的老乞丐,简直不敢相信自己的眼睛。

"你就是时间富人吗?"他们问道。

"是的,我就是时间。我现在变成不幸的人了。"老头说,"我现在是世界上最穷的人。"

使者点点头说:"是啊,生活常常这样,但我们回去如何对同胞说呢?"

老头想了想,答道:"你们回到家里,见到同胞,对他们说:'记住,时间已不是过去那个样子!'"

听完这个故事,你一定会停顿一下想其寓意,可是别忘了,时间在你的停顿中已经流逝了。

这个故事说的就是时间,时间就这样在我们眼前不经意地流走,而且永不回头。

我们要想成为优等生,参与到优等生的行列中,一定要培养出良好的时间观念,与时间赛跑!

看一下古往今来有成就者的时间观吧!

莎士比亚说:"时间是无声的脚步,是不会因为我们有许多事情要处理而稍停片刻的。"

2000多年前,孔夫子就望河而叹:"逝者如斯夫,不舍昼夜。"意思是说,时光就这样不分白天黑夜地流逝,就像这奔流不息的河水。

朱自清先生的散文《匆匆》里这样写道："洗手的时候，日子从水盆里过去；吃饭的时候，日子从饭碗里过去；默默时，便从凝然的双眼前过去。我觉察它去得匆匆了，伸出手遮挽时，它又从遮挽着的手边过去。天黑时，我躺在床上，它便很伶俐地从我身上跨过，从我的脚边飞去了。等我睁开眼和太阳再见，这算又溜走了一日。我掩着面叹息，但是新来的日子的影儿，又开始在叹息里闪过了。"

哲人伏尔泰问："世界上，什么东西是最长的而又是最短的；最快的而又是最慢的；最能分割的又是最广大的；最不受重视的又是最受惋惜的。没有它，什么事情都做不成；它使一切渺小的东西归于消灭，使一切伟大的东西生生不息？"

答案当然是时间。"时间"给懒惰者留下空虚和懊悔，给勤奋者带来智慧和力量。

克雷默说："当心你的时间是怎样花掉的，因为你的整个未来都要生活在时间里面。"

人生易老，人生苦短。人生是由我们在世上拥有的有限时间构成的。对于时间，对于人生，古今中外已有很多人说过很多有哲理的话，如今已成为我们的座右铭。

"人生天地间，若白驹过隙，忽然而已。"这是庄子的感叹。

诗仙李白亦感叹："恨不能系长绳于此西飞之白日。"

鲁迅说："浪费别人的时间等于谋财害命，浪费自己的时间等于慢性自杀。"

我们再看经济高速发展的西方国家的时间管理者的时间观吧!

彼得·德鲁克说:"时间是最紧俏的资本,如果人们连时间都不会管理,何谈会管理其他。"

艾伦·拉克因说:"谁从手上放走时间,谁就是放走自己的生命;谁把时间掌握在手中,谁就掌握着自己的生命。"

乌尔利希·席维特说:"正如善于与人打交道一样,善于利用时间也是决定你人生成败的一个因素。"

爱尔兰人则用简洁明了的民谣表达了他们对于时间的尊崇:

您应抓紧时间工作,这是成功的代价。

您应抓紧时间思考,这是力量的源泉。

您应抓紧时间游戏,这是青春的秘密。

您应抓紧时间读书,这是知识的基础。

您应抓紧时间行善,这是走向幸福圆满之门。

您应抓紧时间梦想,这是升天之路。

您应抓紧时间去爱,这是真正的人生乐趣。

成功的人都是逐渐培养出这样的时间观,所以他们才能有足够的信心与时间赛跑,做到出类拔萃。

那么,与时间赛跑,怎样才能赢呢?

1. 把时间当作海绵里的水

东汉时期的董遇是个大学问家,他要前去找他求学的人先

"读书百遍"，之后才可能"其义自见"。当求学者抱怨说"没有时间"时，他回答说："当以'三余'，即'冬者岁之余，夜者日之余，阴雨者晴之余'也。"要充分利用寒冬、深夜和雨天学习，在古代，人们就已经知道利用余暇时间来做学问了。现代人的生活节奏越来越快，许多人都常常感到时间紧张，根本没有时间干许多重要的事。鲁迅先生曾说过："时间就像海绵里的水，只要愿挤，总还是有的。"实际上正是如此。

有人算过这样一笔账：如果每天临睡前挤出15分钟看书，假如一个中等水平的读者读一本一般性的书，每分钟能读300字，15分钟就能读4500字，一个月是13.5万字，一年的阅读量可以达到162万字。而书籍的篇幅从6万字到10万字不等，平均起来大约7.5万字。每天读一刻钟，一年就可以读20本书，这个数目是相当可观的，远远超过了世界上人均年阅读量，而且这并不难实现。

怎么样？你现在应该有阅读的冲动了吧！重要的是，不要让每天，哪怕只一刻钟、一小时的宝贵时光被我们在无所事事中浪费掉。

你常常会因为抽不出时间焦头烂额吧，你常常也会因为各科学习太繁重而苦恼吧！

但实际上除了大段的时间外，在我们的生活中，还有零碎的时间可以利用。把日常生活中的时间最大限度地利用，将会获得最大的收益。

在我国古代，唐宋八大家之一的欧阳修曾说过他一生所做的文章，都是在"马上、枕上、厕上"完成的。

想一想，那么多锦绣文章，传世之作也是利用零碎时间来成就的，正是这些零碎时间成就了一代文豪的辉煌一生！

你是不是也跃跃欲试，下定决心要做出一番努力呢？

还有中国现代文学的翘楚人物——鲁迅，同学们，你们一定读过他的《阿Q正传》《孔乙己》《故乡》等精彩的小说吧！鲁迅的一生，各种文体均有涉猎，除了小说外，还有大量如匕首的杂文、散文诗、翻译著作等。那么，鲁迅先生哪里有这么多时间来完成如此经典、精彩的作品呢？他说："我是把别人用来喝咖啡的时间都用在了写作上。"

莫泊桑告诉我们说："世界上真不知有多少可以建功立业的人，只因为把难得的时间轻轻放过而默默无闻。"

我们常常这样说："噢，只有5～10分钟就要开饭了，什么事都干不了了。"但实际上，有多少身处逆境、命运多舛的人，充分利用了这些被我们许多人轻易浪费的时间，从而为自己建立了人生和事业的丰碑。那些被你虚掷的时光，如果能够得到有效利用的话，完全有可能使你出类拔萃，成为杰出人物。有着繁重家务负担的家庭主妇哈丽特·斯托夫人，就是利用零碎时间完成了那部家喻户晓的名著——《汤姆叔叔的小屋》；朗费罗每天利用等待咖啡煮熟的10分钟时间翻译《地狱》，他的这个习惯一直坚持了若干年，直到这部巨著的翻译工作完成为止；比彻在每天等待开饭的短暂时间里读完了历史学家弗劳德长达12卷的《英国史》。

《失乐园》的作者弥尔顿是一位教师，同时，他还是英国联邦秘书和摄政官秘书。在繁忙的工作之余，他注意利用一些零碎的时间，珍分惜秒，坚持苦读。伽利略是一个外科医生，他以专心致志的态度和常人少有的勤勉，挤出时间从事科学研究，充分利用一分一秒的时间进行思考、探索和研究，从而为后人留下了丰硕的成果。

再例如，亨利·卡文迪什是英国伟大的化学家、天文学家、数学家和物理学家。他出生在英国，毕业于剑桥大学，他把毕生的精力都献给了科学研究事业。为了科学研究，他抓紧每一分钟，集中精力学习。由于长时间读书，养成了性情孤独、不善交际的习惯。为此，很多人称他为"科学的怪人"。

有一次，卡文迪什在一位朋友家里做客，席间有两位客人大赞他的才华和他在科学上的成就。他居然充耳不闻，一点反应也没有，因为一系列的实验数据正占据着他的大脑空间。当他看到人们询问的目光时，惊得手足无措，最后他离开了宴会，匆匆忙忙回到了自己的实验室，心里才踏实下来。

在卡文迪什眼里，除家里人和几个朋友之外，其他的都是陌生人。他不喜欢那些慕名而来的访问者，因为会客会打扰他的工作。在不得已会见时，他常常一言不发，眼睛总是盯在一个地方，头脑中仍然在思考着他的研究课题。

对他比较了解的一个博士说:"和卡文迪什交谈,最好不要看他,而是把头仰起来,两眼向上望,就好像和天空交谈一样。这样就能听到他的长篇大论了。"

他不喜欢同时和两个人交谈,认为太浪费时间和精力。即使与人交谈,他的话题也离不开科学研究。

所有这些事例都告诉我们一个道理:要想成功,必须善用余暇与零碎时间。

你也可以留意一下你身边优秀的同学,他们是不是都十分珍惜时间呢?窥一斑而知全豹,那些班级里的优等生,他们的时间利用率也是很高的。也许他坐在那里,你以为他们在休息,实际上他却是在默想上课的内容,一点点地把知识咀嚼吸收。

这就如同蜜蜂采蜜,汲取知识,日积月累,头脑才会越来越充实。

让我们像圣诞老人那样,背个大口袋,把平时点点滴滴的知识都装进去,收藏起来。

2. 学会统筹安排

统筹方法是高效的节时方法。

时间对每个人都是公平的,就看你会不会合理地利用。大凡有成就的人,都是善于安排时间的人,他们会让有限的时间发挥出最大的效用。英国文学史上著名女作家艾米莉·勃朗特在年轻的时候,除了写作小说,还要承担全家繁重的家务劳动,例如烤面包、做菜、洗衣服等。她在厨房做家务的时候,每次都随身携带铅笔和纸张,一有空隙,就立刻把脑子里涌现出来的思想写下来,然后再继续做饭。

如果你每天清晨漫步在高校校园,都可看到许多边跑步边听外语广播的学生,他们懂得了充分利用时间的奥秘。例如,许多学生认为,看原版电影是较好的娱乐方式,既可放松身心,又可学习外语。

在如今信息爆炸的时代,表面上看起来,好像专注于某件事情上比较有效,但是,如果过分集中在某件事情上,就会变成不能融会贯通或赶不上潮流的落伍者。

比如说,你早上起床有几件事是一定要做的:熬粥、清理屋子、听外语、洗漱。要用掉的时间分别为:10分钟、10分钟、20分钟、20分钟,如果你没有统筹的方法来规划,那么,这个早晨你要用掉的时间会有整整1小时。而现在我们用统筹方法规划一下,可以如此安排:

洗漱的时候,我们也可以听英语,同时进行两项工作;熬粥的时候,当粥还没有熟的时候,我们立即收拾整理一下屋子,做到各项工作毫不冲突。这样,我们完成各种工作用掉的时间也不过是半小时,节省了一半的时间,而节省下来的时间可以用来复习其他学科,这样分配时间是不是很高效啊?

3. 高效利用最佳时间

根据科学研究,在不同的时间里,人的体力、情绪和智力状态是不一样的。也就是说,不同学习时间里,学习的效果是不一样的。因此，要在不同的时间里安排不同的学习活动。例如，要在人生理功能旺盛、精力充沛的时候，从事最重要、最紧张的学习活动，以便最有效地利用学习时间。

首先，要根据自己的生物钟安排学习活动。科学家已证实，人体内存有体力、情绪和智力3种周期，每个周期控制着各自的机能水平。如智力周期控制着人的学习能力、记忆能力和逻辑思维能力，以33天为1个周期；人的体力大约23天为1个周期；人的情绪大约28天为1个周期。每个周期中，又区分为高潮期、低潮期和临界期（高潮期和低潮期两段起始的零线），高潮期也就是最佳时间。人的智力周期的高潮期，脑子清楚，逻辑思维能力强，工作效率高；低潮期反应较迟缓；临界期就更差。其次，要根据一周内学习效率的变化安排学习活动。一周之中，星期一和星期五临近休息日，智力机能处于较低的趋势。再次，要根据一天内学习效率的变化来安排学习活动。在一天中，人的智力也是存在周期的。由于每个人在一天当中的体内新陈代谢状况和大脑机能状况不同，最佳时间也就因人而异。有的人是白天型的，早睡早起，一觉醒来，精力充沛，大脑活跃；而有的人则是晚上型的，一般早上状态不佳，到了下午逐渐精神起来，夜幕降临时，脑细胞随之转入兴奋状态，精力专注，尤其是到了夜深人静时，大脑异常活跃，学习效率很高。还有的人是混合型的，容易适应生活环境和作息制度，不管任何时候，只要经过充分休息后，就可以达到最佳状态。当然，学生的学习主要是在白天，因此，晚上不宜睡得太迟。

此外,要根据自己的工作曲线安排学习活动。学习时,随着学习的进行,人的精神状态和注意力会发生变化。一般来说,存在3种变化模式:先高后低,中间高两头低,先低后高。每个人要根据自己的模式,安排学习内容,确保状态最佳时学习最重要的内容。

4. 永远不要迟到

时间就是效率,时间就是金钱,时间就是生命。

在日常生活学习中,一些学生没有遵守时间的好习惯,最常见的行为就是迟到,并认为迟到不是什么大不了的事。事实上,迟到是一件非常丢脸的事情,它是一种坏习惯。

比如说,星期六下午,你和同学约好一起去图书馆查资料,然后再去老师家做辅导。说好了1点到3点去图书馆,再辅导到6点回家吃晚饭,可是他迟到了,让你等了足足1个小时,已经完全打乱了你周末的时间安排,使你各项任务推迟,难以完成。那时,你有充分的理由生气,因为时光就在无聊的等待中溜走了。

所以,我们每一个同学都要争取做一个永远不会迟到的人!

华盛顿经常这样说:"我的表从来不问客人有没有到,它只问时间有没有到。"

他每天4点钟吃饭,如果有时候应邀到白宫吃饭的国会新成员迟到了,华盛顿就会自顾自地吃饭而不理睬他们,这使他们感到很尴尬。一次,他的秘书找借口说,自己迟到的原因是表慢了。华盛顿回答说:"那么,或者你换块新表,或者我换个新秘书。"

拿破仑有一次请元帅们和他共进晚餐,他们没有在约定的时间到达,他就旁若无人地先吃起来。他吃完饭刚站起来时,那些元帅来了,拿破仑说:"先生们,现在就餐时间已经结束,我们开始下一步工作吧。"恪守时间是工作的灵魂和精髓所在,同时也代表了一个人的明智与信用。

守时是一种美德。有些人总是手忙脚乱地完成工作,他们总是急匆匆的样子,就好像他们总是在赶一辆马上就要启动的火车。他们没有掌握适当的做事方法,所以很难会有什么大的成就。学校生活最大的优点之一就是有铃声催你起床,告诉你什么时间该去晨读或者上课,教你养成恪守时间、从不误时的习惯。每个年轻人都应该有一块表,可以随时看时间。事事习惯"差不多"是个坏毛病,从长远来看更是得不偿失。

我们的老师总是按时给我们上课,他们就是我们学习的榜样。那些优等生更是从不迟到,所以我们要惜时守时!

如果你现在还有上课迟到的坏习惯,建议你赶紧改掉啊!因为恪守时间是使人信任的前提。

它清楚地表明,我们的生活和工作是按部就班、有条不紊的,它使别人相信我们能出色地完成手中的事情。恪守时间的人一般都不会食言或违约,都是可靠和值得信赖的。办事一贯准时、恪守时间的好名声,往往是成功的第一步。有了第一步,成功自然就会水到渠成。

为了珍惜和利用自己的或者别人的时间,为了能够成为一个可靠的、值得信任的人,恪守时间是非常有必要的。

我们不仅要学习做一个成绩最棒的学生,我们同样要做一个老师和同学们都信得过的人,让爸爸妈妈为我们放心,知道我们正在长大!

早上起床的时候,告别瞌睡虫,一秒都不要犹豫;需要学习的时候,立即停止手头的游戏,马上拿出课本,进入状态。

这是我们今天做的承诺,我们要永远坚持下去,让我们大声说:"珍惜时间,我们做得到!"

弹好"上课的前奏"

预习是进入学习的前奏。

预习的妙处在于能够部分预测到老师要讲些什么。预习好的学生,上课前便"严阵以待",上课时就能"知己知彼,百战不殆";不预习的学生上课前便是"仓促应战",上课时在时间上就"动弹不得"。预习不应是简单地走马观花,而应看作一种独立的自学。

有的同学上课时顾得上记笔记,却顾不上听讲;顾得上听讲,就顾不上思考,其根本原因就是没有充分地预习。跑在课程的前头——预习,虽然累一些,但是能换来一种轻松与自由感。

具体来讲,预习有以下不可替代的作用:

1. 预习让你在课堂上"如鱼得水"

谁不渴望在课堂上一路畅通无阻,明白顺利地接受新内容、新知识?但是,同学们都知道,一座楼房靠坚实的地基支撑着,二层楼又靠一层楼支撑着,没有坚实的地基,楼房就岌岌可危。我们所学的各科知识和楼房一样,都有其自身的结构和体系,新的知识总是建立在一定的旧知识的基础之上的,因此,学习应该循序渐进。每个同学的学习,其实都是在自己原有知识经验的基础上进行的,总是以自己的知识经验为基础,去解释新知识、理解新知识的。如果同学们在学习新课时,与之相关的旧知识、旧概念不会了或者遗忘了,那就意味着头脑中的知识序列出现了断裂,或者说学习阶梯中断了,其结果是对新知识不能理解和吸收。因此,我们在学习新知识之前必须预习,通过预习,准备好学习新知识所必需的旧知识,从而为课堂学习扫清障碍。

2. 助你事半功倍

有的同学"事半功倍",而有的同学"事倍功半",这是因为不同的同学听课的起点和接受能力是不同的。

有的同学课前不预习,上课时匆匆打开课本而对新课内容一无所知。听课完全处于一种盲目被动的状态,听天由命,一节课下来有时听懂了,有时似懂非懂,遇到知识障碍就如听天书。有的同学听课是有备而来的,课前做了充分的预习,对所学新课有了整体的了解，对新课要讲什么、重点是什么、难点是什么，心中有数。

要提醒同学们注意的是，不要认为预习就是要把教材完全搞懂，这几乎是不可能的。相反，当你发现有这么多不懂的内容时，不必气馁，这些内容往往会引起你的好奇心，像你发现了一个谜语却不知道谜底一样，你是不是迫不及待想知道答案？那么对于课堂，你就会多了一份期待，多了一份向往，上课自然会津津有味了，不是吗？

总之，通过预习不仅对新课的内容有了初步的领会，从而降低了学习新课的难度，而且大大减少了听课的盲目性、紧张感，调动了学习的积极性，有利于知识的当堂消化和吸收。

另外，预习使我们有精力去考虑更深层次的问题。如，当老师讲到预习时已经弄懂了的内容时，可以验证一下自己对知识的领会是否正确。可以向老师学习考虑问题的思路，看老师是如何提出问题、分析问题和解决问题的，学习老师的高明之处。如，有一位同学在总结自己的学习方法时说："有了预习这一环节做保障，课堂上我很轻松，思维活跃，不局限于老师讲的或书上的思路。我力求找出问题，想出自己的方法。这样，不仅有利于加深对新知识的理解，还有利于提高自己的思维能力。"

3. 预习让你一举两得

预习不仅会提高你上课的兴趣，而且还会使你的课堂小结做得"得心应手"！因为预习使你对老师讲的所有知识内容都有所规划，有的属于课本上没有的，老师补充的；有的属于非常重要的难点，使你听课后"百思才得其解"的；有的内容则很简单，在你预习时已经迎刃而解……所有不同的内容，你在做课堂笔记的时候，都会一一安排好。预习针对的环节是复习，当你做好预习时，慢慢地，你会发现你的复习也会很顺利地进行，毫不吃力。

4. 磨刀不误砍柴工

中国有句古语叫作"磨刀不误砍柴工"。其实，预习可以节省很多时间：对知识当堂的消化和吸收，可以避免上课似懂非懂，下课再重新看书学习而浪费时间；对新知识的当堂消化和吸收，也可以节省课后复习、做作业的时间；对新知识的当堂消化和吸收，还可以降低作业的错误率从而节省了改错题的时间。可见，课前拿出少量的时间进行预习，不仅使我们课堂听课轻松舒畅，效率高，而且还可以避免许多课后的无效劳动，从而节省了大量的时间。因此，课前预习并不是白费精力和时间，相反，它赢得了时间。所以，花一点时间进行课前预习，是非常合算的。此外，预习对理解、巩固所学知识等都大有益处。预习可以加强新旧知识之间的联系，正如孔子在几千年前说的"温故而知新"。我们在不断的预习中，会发现新问题是完全可以用我们以前的知识来解构、解决的，知识之间是互相融通的。

预习还有利于同学们巩固已有的知识。在预习中，为了理解新知识就要积极地回忆与新知识相关的旧知识，回忆不出来，再去翻阅旧教材。预习中常常需要复习许多旧知识，涉及的面也很广。有些旧知识是很长时间以前学过的，通过预习可以把这些旧知识重新回忆起来，不清楚的要搞清楚。预习中这种对旧知识回忆、理解的目的性、广泛性、间隔的久远性，都有利于对已有知识的巩固。再者，预习中独自琢磨新知识，琢磨通了印象深刻难以忘记。即使没琢磨通的内容，在百思不解之后带着问题去听课，豁然开朗，印象更深刻。预习中理解错误之处，在听课时得以纠正。有了正反两方面的对比，这比光是听听课，在脑子里的印象要深刻得多，容易记住得多。

5. 预习教给你怎样学习

随着预习的深入，我们发现的问题会越来越多，而随着问题的逐一解决，我们的收获是：我们学会了怎样学习！

同学们在校学习主要是掌握基础知识和基本技能，为将来工作和学习打下基础。同学们，你们不仅仅只在小学、初中、高中学习，将来还要进入大学神圣的殿堂学习。可能大学毕业后，还要从事各方面的研究工作，那时候，没有老师的时候，你需要的就是自学的能力。

我们不仅要学习各科知识，我们更应该学会的是学习的方法。有一个故事——

从前，有一个老人，他会一种"点石成金"的技能。有一天他问一个小伙子："你要多大的金子？"聪明的小伙子是这样回答的："我要你的手指。"

对于学习来说，学习方法就是"点石成金"的手指。

聪明的人都应该明白古人说的"授人以鱼，不如授人以渔"的道理，所以，预习不仅为现在的学习服务，预习的方法也为今后的学习打下基础！

要想认真预习，取得优异成绩，我们必须做到以下几点：

1. 课间10分钟做点事

课间10分钟我们应该为上课做点准备。

有无准备，准备充分与否，效果大不相同。课前准备有4种，就是：心理准备、身体准备、物质准备、知识准备。

预习主要是知识准备。具体讲，就是学生在老师讲课之前，独立地自学新课内容，做到对教材内容的初步了解。

优等生之所以成为优等生，原因就在于他们良好的学习方法。学习方法也是针对学习过程的各个环节准备的。当然，预习就更不会错过了。无论下一课的内容是简单明了，还是晦涩艰深，他们都会提前浏览一下书，做到心中有数，上课时就有重点、有目的地去听课。很多同学存在这样一个误区，他们认为自己学习不好，预习根本弄不懂，认为预习只是优等生的事情，习惯于"上课听老师讲，课后围着习题转，考试之前拼命干"的残缺式的学习方法。这种缺少预习环节的学习方法，在小学时由于知识比较简单，没有暴露什么问题。但这并不能说明预习不重要，只是问题没有充分暴露而已。

我们在课间最后几分钟的时间里，完全可以浏览一下书，至少对所上课题有个大致的了解，这不是很好吗？

2. 要有"好奇"的态度

预习时，先用好奇的态度接触你手中的书，使自己对新课心中有数。初步知道新课中哪些是一看就懂的，哪些是看不懂的，然后带着这些问题去细读第二遍。

有的学生预习时往往提不出问题，但是提不出问题并不意味着没有问题。爱因斯坦说得好："提出一个问题，往往比解决一个问题更重要。"从某种意义上说，学习的过程就是一个不断提出问题，不断解决问题的过程。"学贵有疑，小疑则小进，大疑则大进。"只有能提出问题，才谈得上解决问题。善于在预习中提出问题，是自学能力增强的标志之一。善于提问要建立在勤于思考的基础之上，古人云："学而不思则罔，思而不学则殆。"预习时，一定要开动脑筋，拓展思维，质疑问难，多问几个为什么？做到勤思之、多问之、善学之。

3. 要用你的耐心

做任何事都离不开我们的耐心，预习也不要仅限于"浅尝辄止"。有时，我们不妨把预习的节奏放慢，再放慢，用我们的耐心仔细地从各种角度周全地去思考问题。不要被动，而是要主动地查阅一下工具书，用耐心争取多搞懂几个问题。我们的耐心总会有所回报！

4. 不要忘记动动笔

不要对自己的记忆力过于自信，有时不妨多动动笔。动笔把自己想到的随时记下来，因为对于我们来说，课业信息量是非常大的，我们不能保证我们能把每一科的各项知识点记清楚，我们要依赖一定的记录来提醒我们的记忆。

不要不好意思，往往优等生的记录更加烦琐。他们也并不是总记录一些深刻的问题，一些基本的知识被记录下来，也会多多益善！

毛泽东有一句名言，叫"不动笔墨不读书"。所谓"动笔墨"有以下几种做法：一是预习时用符号在书上进行"圈、点、勾、画、批、问"；二是随时将课本或其他学习资料中的精彩之处摘抄下来；三是利用日记、周记或片段作文经常写一写心得体会，其中第一点尤其不容忽视。做笔记时如果是课本则用铅笔，以便改正，并用统一的符号以便检查。

5. 要善于发现

预习中，一定要把新课内容的重点和疑点找出来，然后把重点和疑点带到课堂上去。课堂上，当老师讲到自己所找的重点和疑点时，一定要认真地一边听、一边思考，听出老师讲解的思路。等老师讲解后，有些问题仍不明白，就要抓紧时间和机会向老师发问，直至把预习中找出的疑点弄明白为止。

6. 要多翻一翻身边的工具书

在预习中要解决那些自己不能解决的问题，除了向老师、家长或同学请教外，还要学会使用工具书，如字典、词典及其他相关的参考书。会用、善用字典等工具书，才能提高预习效果，保证预习质量，消化学习成果，提高自学能力。

随时翻一翻身边的工具书,好处是很多的。也许你的本意只是查一个词语,但是参看字典以后,你认识的广度与深度都将拓展。你停留的不再是一个层面,日积月累,想不"渊博"都难!

7. 一个人预习

一个人预习的好处是让你更投入,更独立地学习。没有人打扰你,没有人影响你的思考,你的独立能力会得到突飞猛进的提高。

8. 注意循序渐进

预习时,不要一下子全面铺开,全面预习是不现实的,一是时间难保证,二是精力难保证,三是质量难保证。预习要先列出不明白的地方,时间更紧迫时,就先把新课快速阅读一遍。不要认为作业时间紧,就放弃预习。

9. 从学科的特点出发

每个学科的特点不同,所以要"量科定做预习方法",就是针对不同的学科,采取更为有效的预习方法。比如说,英语的预习,我们要查清新单词的意义、读法及用法,对新出现的语法现象,都要用心研究,提高预习的效果。

这里,我们着重介绍语文和数学的预习。

语文课是由一篇一篇内容上下相关联的文章组成的,它的知识连续性主要表现在字、词、句的含义和语法上。语文课的目的,一是学习语言,二是锻炼分析、综合的思维能力。

首先，通读课文。课文一定要通读，而且应该朗读。朗读不仅训练自己的发音，还可以通过语气的变换，加深对课文的理解。

其次，过好字词关。读课文的时候，把课文中不认识的字、不会解释的词、不易理解的句子勾画出来。

书上没有注解的字词，可以查一查字典、词典，特别是一些似懂非懂的句子，要搞清楚。还要初步分析课文，了解课文的大概意思，识别层次与段落。遇到写得好的地方，也可以在课文空白处画上符号，老师讲到此处时就格外注意一下。

最后，尽可能归纳中心思想，用笔把归纳的内容记下来。上课的时候，和老师概括的中心思想相对照。

经过上面4步，找准了自己听课时的重点、疑点和难点，一篇课文的预习就基本解决了。另外，要把思考贯穿于整个预习过程中。

数学课的重要特点是知识的连续性特别强，所以集中时间做阶段预习，学期预习、学习效率会更高一些。优等生通常会亲自推导公式，通过自己独立地分析问题和解决问题，可以发现自己的知识准备情况。通常，推导不下去或推导出现错误，都是由于自己的知识准备不够，要么是学过的忘记了，要么是有些内容自己还没有学过，只要设法补上，自己也就进步了。

数学中大量的定理、定律、公式、常数、特定符号等，是学习数学的最重要的内容,是需要深刻理解,牢牢记住的。所以,在预习的时候,要把这些内容单独汇集在一起,每抄录一遍,则加深一次印象。上课的时候,老师讲到这些地方时,把自己预习时的理解和老师讲的相对照,看看自己有没有理解错的地方。

试着做一下课本上的练习。之所以说试做,是因为并不强调要做对,而是用来检验自己预习的效果。预习效果好,一般书后所附的习题是可以做出来的。

课堂效率百分百

要想提高课堂时间效率,必须做到以下几点:

1. 心理准备

有的同学只要一进入课堂就腻烦,见到老师进教室就反感,觉得上课没意思,完全没有求知的欲望和向老师学习的谦虚精神,总盼着快点下课。这是一种厌学的学习心理状态,在这种心理状态下,课堂学习往往收效甚微。

有的同学进了课堂,觉得老师讲课有意思时就听,认为没意思时就不听或不好好听,上课时做他们自己的事或想他们自己的事,缺乏积极进取的精神,表现出一种无所谓的心理状态,这种心理状态当然会使课堂学习效率大大降低。

有的同学一见老师进教室就分外高兴，总盼着上课时能向老师学点新知识，解决些新问题，老师在他们的心目中占有很重要的地位，这种对学习如饥似渴的、积极的学习心理状态，能够极大地提高课堂的学习效率。

2. 知识准备

知识准备主要通过预习来完成，预习时能了解新课的知识系统，排除听新课的知识障碍。

如果上课时因为涉及"旧"知识、"旧"概念，而使自己出现听"天书"的现象，那就说明上课前的知识准备没有做好，需要及时调整。

3. 物质准备

物质准备就是把上课用得着的书、练习本、笔记本和其他学习文具在课前准备好，以免上课时因为寻找这些用具而影响听课效果。有些高年级的同学由于放松了对自己的要求，课前准备做得反而不如低年级的同学。每个同学都应当养成上学前整理好书包，上课前做好课前准备的良好学习习惯。

4. 身体准备

上课要靠大脑来思考问题，因此，大脑的机能状态直接关系到上课的效果。要使大脑处于最佳的机能状态，就要保证充足的睡眠和充分的休息。

有一篇文章把人的生活分为两种类型：一种是百灵鸟型，主要特点是早睡早起，白天精神特别好；一种叫猫头鹰型，主要特点是晚睡晚起，夜里精神特别好，而白天上课时精神很差。这种分类方法比较形象通俗。由于课堂学习是在白天进行的，因此要求同学们白天的精神必须饱满，可见，百灵鸟型的生活方式比较符合课堂学习的需要。

睡觉晚的原因很多。有的同学意志薄弱，贪玩，不抓紧时间学习，结果把功课全挤到了晚上；有的同学晚上看电视、上网没有节制；还有的同学因为学习水平低、效率低，所以需要的学习时间长，只好开夜车。

有的同学由于睡得晚，早晨感到又困又乏，为了不迟到，勉强起床，急急忙忙赶到学校。这样一来，往往又挤掉了早饭时间。因此，很多同学上午的四节课是在先困后饿的情况下度过的。为了遵守课堂纪律，这些同学要不断地与困乏和饥饿做"斗争"，学习时严重分心，很难做到跟着老师的启发思考问题，学习效果很差。严重时，还会在上课时打瞌睡，自动退出课堂学习，使听课的连续性遭到"破坏"，以致一天的课堂学习毫无所获，只得课后重新补课。这又使晚上的睡眠时间更加难以保证，形成恶性循环。

不少同学不明白，为什么过了一个假期，开学第一周反而特别累。其实原因很简单，因为假期中对自己放松了要求，放假第一天就睡得很晚，第二天早晨又想着不上课了，结果起得也很晚，从此就开始了晚睡晚起的假期生活。开学了，一下子要从晚睡晚起调整到早睡早起，使实际睡眠时间得不到保证，结果第一周就会感到很累。经过一周左右的调整，又恢复了早睡早起的正常学习习惯，才使学习生活重新走上了正轨。

有些住在家里的同学，自控力差，晚上睡得很晚，实际上过的是晚睡早起的学习生活。结果长期睡眠不足，饮食不当，使课堂学习的效率一直很低，少数人甚至因此而搞垮了身体。

如果观察一下优等生的上课表现，就会发现他们有一个共同的特点：精神饱满，全神贯注，根本见不到他们打瞌睡。所以，一定记住要努力提高我们的课堂听课效率！